DE LA MÊME AUTEURE, AUX ÉDITIONS LEDUC

Se réaliser grâce aux anges – Accueillir leurs messages pour retrouver sa lumière intérieure, Leduc, 2020
Mon oracle Messages des anges (illustrations de Gwenaëlle Dudek), Leduc, 2020
Oracle Guérison de l'Âme (illustrations d'Isabelle Lebœuf), Leduc, 2021

Conseil éditorial : Karine Sylvestre
Édition : Bleuenn Jaffres
Correction : Nathalie Billaut
Maquette : Laurie Baum
Couverture : Antartik
Recherche iconographique : Constance Clavel

10, place des Cinq-Martyrs-du-Lycée-Buffon
75015 Paris
ISBN : 979-10-285-2065-6

RESSOURCES & SENS

VIRGINIE ROBERT

GUÉRISSEZ VOTRE ÂME

Découvrez le pouvoir
des Annales Akashiques

LEDUC Éso

SOMMAIRE

À mes Guides célestes, qui sont toujours auprès de moi.

À mes Guides terrestres, mon mari et mes quatre enfants que j'aime du plus profond de mon cœur… Sans eux, ce livre ne serait pas là.

À ma mère et mon père, que j'aime profondément.

À vous tous qui me suivez depuis mes débuts.

Et à vous qui souhaitez entamer une véritable transformation dans votre vie…

Je vous dis un grand Merci !

Virginie

NOTE AU LECTEUR

Ce livre traite essentiellement du travail de guérison de l'âme grâce à l'outil merveilleux que sont les Annales Akashiques.

Il contient des passerelles avec mes autres ouvrages *Se réaliser grâce aux anges*, *Mon oracle Messages des anges* et *Oracle Guérison de l'Âme*, dont je vous recommande également la lecture pour détenir tous les outils qui vous aideront dans votre cheminement.

CANALISATION REÇUE DES GUIDES

« Il est temps d'assumer qui vous êtes, de prendre vos responsabilités sur ce que vous faites, dites et pensez… Il est temps de vous reconnecter à votre divinité… de reprendre le pouvoir de votre vie !

Il est temps d'arrêter de rejeter la faute sur les autres, il est temps de lâcher votre égo, celui qui sabote vos projets, qui vous fait procrastiner et d'en faire votre allié ! Vous n'êtes pas une victime, vous êtes l'acteur et l'actrice principal(e) de votre vie ! Il n'y a que vous qui pouvez passer à l'action, il n'y a que vous qui pouvez travailler sur vous, il n'y a que vous qui vivez cette vie pour vous et en interaction avec les autres !

À la lecture de ce livre, ne soyez pas dans le jugement, ouvrez simplement votre cœur et votre conscience au champ des possibles…

Vous êtes seul à être aux commandes de votre âme, car votre âme c'est vous !

Si ce livre est entre vos mains, c'est justement parce que votre âme aspire à devenir la meilleure version de qui vous êtes, c'est que vous êtes prêt à travailler sur vous.

Vous êtes prêt à laisser votre âme prendre les commandes, à l'écouter et à vibrer à l'unisson pour ne faire plus qu'un…

Nous sommes là pour vous y aider.

Avec tout notre amour,

Vos Guides »

AVANT-PROPOS

Lorsque mes Guides m'ont fait comprendre que j'écrirais ce livre sur les Annales Akashiques, j'étais en joie car les Annales sont un merveilleux outil de développement personnel et spirituel. Je les utilise tous les jours, que ce soit pour moi ou bien pour les personnes qui me consultent en cabinet ou à distance.

L'écriture de ce livre a été l'une des plus belles prises de conscience que j'aie pu avoir. J'ai mis du temps à l'écrire, car il a fallu que je plonge en moi, dans mon côté lumineux et divin que j'accepte, mais également dans celui qui l'est un peu moins.

Je me suis battue contre moi-même, contre certaines de mes croyances et de mes peurs qui étaient encore présentes... J'ai plongé dans certaines de mes vies antérieures.

Mes Guides ont été plus que patients car plusieurs passages m'ont demandé de la compréhension et de l'assimilation.

Une chose est sûre : tout arrive au bon moment. Il y a encore quelques années, je n'aurais sans doute pas pu travailler sur moi ce qui a été travaillé et libérer ce qui l'a été.

Les Guides et les Anges sont toujours à mes côtés, ils respectent mon rythme de travail, ma « compréhension d'humaine », comme ils disent… Tant que je n'ai pas compris ce qu'ils m'expliquent ou bien tant que je ressens des résistances en moi, ils m'écoutent. J'aime leur bienveillance.

Ce livre a été divinement orchestré et délivré par mes Guides de lumière dans le but d'ouvrir les consciences, pour que vous puissiez vous libérer de vos propres croyances limitantes mais aussi de tous les schémas récurrents que vous pouvez traverser dans votre vie.

Je vais vous parler ici d'un endroit magique et lumineux que l'on appelle les Annales Akashiques.

INTRODUCTION

Aujourd'hui, nous menons notre vie dans ce corps qui est le nôtre mais nous avons eu déjà de nombreuses vies : notre âme est éternelle car elle ne meurt jamais, et la mort ne représente que la mort de notre corps physique.

L'important n'est pas de savoir exactement le nombre de vies que nous avons eues, ni de savoir si nous avons été un personnage célèbre ou historique comme Jésus ou Mozart, mais plutôt ce que nous avons fait de bien et de moins bien dans une autre vie.

Nous sommes là avant tout pour évoluer et expérimenter, mais aussi pour amener la Terre à une fréquence vibratoire plus haute où nous pouvons vivre dans l'amour, la joie, la bienveillance, le respect, et tout cela envers nous-mêmes mais également envers les autres.

Les Annales Akashiques peuvent s'apparenter à une grande bibliothèque où sont référencées, dans un même livre, toutes vos vies passées, votre vie actuelle, mais également toutes vos vies futures potentielles.

Pourquoi des vies futures potentielles ? Parce que suivant les décisions que vous allez prendre aujourd'hui, les idées que vous allez avoir et ce que vous allez entreprendre dans votre journée va faire que votre futur se modifie, au fur et à mesure de toutes les décisions que vous allez prendre.

Elles renferment dans vos vies passées les expériences, les blessures – comprises et dépassées ou non –, toutes les actions – bonnes ou non –, ainsi que les talents dont vous pourrez vous servir, si vous en ressentez le besoin.

C'est donc un outil absolument formidable et extraordinaire que vous pouvez utiliser au quotidien, dans tous les domaines de votre vie : en voyageant dans vos Annales Akashiques, vous pouvez aller chercher des conseils, des informations qui vont vous aider à comprendre l'origine de vos problèmes, de vos peurs, de vos blessures intérieures. Vous pourrez alors vous en délivrer en suivant les conseils qui vous seront révélés par vos Guides[1]. Plus extraordinaire encore, vous pouvez grâce à elles récupérer des talents, des facultés qui sommeillent en vous.

Pour avoir accès aux Annales Akashiques, il n'est pas nécessaire d'être un maître spirituel, de méditer plusieurs heures par jour ou encore de suivre un cursus de plusieurs années !

Tout le monde peut accéder à ce lieu sacré.

1. Pour apprendre à vous relier à vos Guides, je vous invite à lire mon livre *Se réaliser grâce aux anges*, Leduc, Paris, 2020. Je les évoque ici dans la partie « Les Guides », p. 67.

Vous trouverez au fil de ces pages des exercices et des conseils pour accomplir en toute autonomie votre travail personnel de libération et de transformation.

Il est essentiel de respecter l'ordre de ce livre pour que vous puissiez accéder à l'origine de vos problèmes. Respectez bien chaque étape pour réussir vos propres libérations.

Et à la fin du livre, je partage avec vous un défi en 21 jours pour vous aider à prendre conscience de vos peurs, de vos croyances, de vos mémoires douloureuses et vous amener à vous en libérer en toute autonomie. Vous verrez votre vie de façon plus légère, plus lumineuse et plus sereine à l'issue de ce livre.

Bon éveil à vous…

CHAPITRE 1

LES CHOIX DE L'ÂME

LE KARMA

Pour résumer, le karma raconte ce que l'on a fait de bien ou de moins bien dans notre vie.

Lorsque nous nous incarnons, nous venons expérimenter certaines choses telles que le pardon, l'amour de soi et/ou des autres, l'accompagnement, etc. ; si nous avons la sensation que nous revivons constamment certaines situations, c'est que celles-ci n'ont pas encore été comprises et dépassées. Elles vont alors se répéter jusqu'à ce qu'une prise de conscience se fasse chez nous.

Malheureusement, si nous pensons être une victime, nous ne prendrons pas conscience que nous pouvons changer cela.

En revanche, si nous ouvrons un tant soit peu notre esprit, notre conscience sur une situation, en se disant que cette situation nous apporte forcément une compréhension, alors un cheminement va commencer et nous allons entreprendre le début d'un long développement personnel et spirituel.

PATIENCE !

Comme le veut l'expression, « Rome ne s'est pas faite en un jour » : il nous faut toute notre vie actuelle pour travailler et expérimenter ce que l'on est venu faire ici sur terre.

Les Guides m'ont toujours fait comprendre que nous n'avions jamais fini de travailler sur nous, donc si vous pensez que vous avez fini le travail que vous avez entrepris, c'est que vous n'avez pas suffisamment remué la vase !

Lorsque nous avons fini, nous laissons notre corps physique et remontons à la Source.

Nous avons tous le libre choix d'être quelqu'un de bon ou de moins bon, car dans la vie nous pouvons être qui nous voulons être, il s'agit juste de prendre toujours la bonne décision, celle qui est juste pour nous et qui fait vibrer notre âme.

Le karma positif

Le karma positif désigne toutes vos expériences vécues auparavant que vous ramenez dans votre vie présente et dont vous avez compris la leçon, concernant lesquelles vous dépassez la croyance ou le schéma.

Une chose comprise et dépassée ne se représente plus par la suite. Vous ne venez donc plus l'expérimenter par la suite.

Ce qui est génial avec le karma positif, c'est que vous pouvez vous connecter à lui quand vous en ressentez le besoin. Par exemple, si dans cette vie la peinture vous intéresse depuis toujours, que vous peignez des toiles de temps en temps juste pour le plaisir, vous pourriez faire appel à une vie dont vous avez eu connaissance dans vos Annales Akashiques où vous étiez peintre ! Vous pourriez alors vous reconnecter à cette vie dont vous avez eu connaissance et en récupérer l'énergie, pour ouvrir une galerie d'art ou vivre de votre passion.

Le karma négatif

On parle parfois du karma négatif en disant qu'on a un mauvais karma ! En fait, il représente tout ce que nous n'avons pas pu comprendre et régler dans une vie précédente, que ce soit une situation, une émotion, une blessure, une croyance.

De même, nos mauvaises pensées, nos mauvaises actions, nos mauvaises paroles dans cette vie vont créer un karma négatif dans nos vies futures.

Il est possible aussi de se créer de la dette karmique en préférant vous occuper des autres que de vous-même, nous verrons cette notion un peu plus loin (voir Chapitre 3 « Aller dans ses Annales Akashiques », p. 89).

Hier, aujourd'hui et demain

Le karma ne concerne pas que vos vies passées, il se présente chaque jour devant vous, vous demandant : comment allez-vous réagir face à une situation ?

Exercice

Vous êtes au feu rouge, vous attendez puis le feu passe au vert.

Soudain, une petite mamie s'engage sur le passage piéton ; que faites-vous ? Vous râlez et soupirez, vous l'insultez, vous klaxonnez ? Ou vous la laissez tranquillement passer devant vous ?

Puis cette dame tombe devant vous : vous la regardez et vous rigolez, vous la laissez se débrouiller ? Ou vous allez l'aider à se relever ?

Voyez-vous le karma négatif ou positif ? Il est partout, dans vos paroles, dans vos pensées et dans vos actions… Et ça se passe dans cette vie-ci, là, maintenant !

Exercice | Prenons un exemple un peu plus corsé : votre femme vous quitte pour votre meilleur ami, comment réagissez-vous ? Vous vous mettez en colère, vous éprouvez de la haine, vous avez des envies de vengeance ou de meurtre ? Ou vous les laissez tranquilles ?

LA MÉMOIRE DE NOS VIES PASSÉES

Notre âme est éternelle, elle garde en mémoire toutes nos vies passées, elles sont intégrées en elle.

Cependant, nous arrivons ici dans notre incarnation sur terre sans le moindre souvenir de qui l'on a été dans nos vies antérieures et cela pour pouvoir vivre cette vie sereinement.

Imaginons en effet cinq secondes que nous avons été quelqu'un de mauvais, de méchant, qui a fait des choses terribles, inimaginables, voire inconcevables pour nous aujourd'hui ; il nous serait difficile de vivre avec cela sur la conscience !

Et même si nous avons le souvenir d'avoir fait ensuite le bien autour de nous, nous ne penserions qu'à cette chose terrible ou à ces choses inconcevables que nous avons faites. Car l'être humain est ainsi fait : il se concentre toujours plus sur ce qui est négatif que sur le positif.

Dans l'une ou l'autre de ces situations, ce sont bien vos réactions qui créeront un karma négatif ou positif ! Uniquement vous, pas cette dame qui passe, dans le premier exemple. En ce qui concerne celui du second exercice, il y a fort à parier que vous rejouez un scénario déjà connu auparavant et que vous n'avez pas su gérer la première fois ! Il n'y a pas de quoi culpabiliser, il faut juste prendre conscience de vos actions.

Prendre conscience, c'est commencer le processus d'acceptation !

Le libre arbitre

Vous êtes toujours libre de vos choix, de vos expériences, des décisions que vous allez prendre et des conséquences que cela entraîne automatiquement ; c'est ce que l'on appelle le libre arbitre. Car oui, vous êtes libre d'être la personne que vous souhaitez être, vous êtes libre de vos pensées, vous êtes libre de vos paroles et vous êtes libre de vos actions.

Vous seul choisissez votre vie !

Si vous choisissez de braquer une banque, vous seul le ferez ! Si des amis à vous vous demandent de braquer une banque avec eux, vous seul choisirez de répondre oui ou non ! Si vous répondez oui, vous pourriez finir en prison avec vos amis ; si vous répondez non, vous serez certainement libre pendant que vos amis seront en prison ! Tout est une question de choix, et votre choix vous appartient ! À vous SEUL !

Cela peut vous donner la trouille subitement et si c'est le cas, c'est absolument génial, car vous venez de prendre conscience que oui, il n'y a que vous SEUL qui pouvez choisir, car vous êtes UN ! Vous êtes un être UNIQUE !

N'oubliez pas que ce livre sacré que sont les Annales Akashiques est le recueil de votre âme, tout y est recensé, la moindre de vos pensées, de vos paroles, de vos actions expérimentées, de vos émotions. Il accompagne votre âme dans toutes ses incarnations et il est à sa disposition dans cette fameuse bibliothèque cosmique qui est tout autour de vous.

LE POIDS DES PEURS ET DES CROYANCES

Nous avons tous en nous des peurs et des croyances et nous vivons avec, mais il arrive toujours un moment où nous prenons véritablement conscience du poids que cela engendre dans nos vies. Nous nous limitons tout seuls car nous pensons que nous ne pouvons pas y arriver, que nous ne sommes pas assez bien, que la vie est bien trop dure, etc.

La plupart du temps, les croyances qui vont nous limiter viennent de notre enfance et de ce que nos parents nous ont inculqué. Nous verrons dans ce livre comment se débarrasser de celles-ci ainsi que des peurs infondées.

Lorsque j'étais jeune, il arrivait des problèmes assez fréquemment à l'une de mes amies ; elle disait d'elle-même qu'elle portait malheur et qu'elle était un véritable chat noir.

Je suis quasi sûre que vous aussi vous connaissez dans votre vie au moins une personne comme cela[2]...

En fait, personne n'est un chat noir ni n'a le mauvais œil sur lui. Cela n'est que dans notre tête, en raison de nos croyances limitantes (voir « Les croyances limitantes », p. 50) ou du statut de victime que nous pouvons prendre plaisir à jouer et à rejouer.

PRENDRE SES RESPONSABILITÉS !

Parfois, des personnes me disent qu'elles sont sous l'emprise d'un maléfice ou de magie noire : mais si vous êtes persuadé que quelqu'un vous veut du mal et qu'il vous a jeté un sort, alors vous amplifiez tout seul ce phénomène, car vous y croyez. L'énergie va là où votre intention se porte.

Pour certaines personnes, c'est un moyen détourné de se détacher de ses responsabilités, de se trouver des excuses. Eh oui, il est plus facile de dire que quelqu'un vous a jeté un sort plutôt que de passer à l'action ou d'aller chercher à l'intérieur de soi et de soulever la vase...

Je le vois très souvent par exemple lorsque des personnes souhaitent réserver une place à un stage que j'anime ; certaines me disent : « J'aimerais venir, mais vous êtes trop loin, j'ai plus de quatre heures de

2. Ouvrez sa conscience sur le fait qu'elle est une personne lumineuse et divine et qu'elle doit simplement sortir cette pensée négative de son esprit !

route à faire. » Pourtant, d'autres viennent de Belgique, de Suisse, de l'autre bout de la France, de la Réunion !

Quand on veut, on peut, il suffit de s'en donner les moyens ! Chacun en est là où il en est de son cheminement, nous avançons tous pas à pas, mais lorsque l'on mise sur soi et que l'on prend les choses en main, alors la vie devient de plus en plus belle et c'est absolument merveilleux.

Vous seul pouvez miser sur vous, vous seul vous levez le matin pour vivre votre journée, vous seul vivez la vie que vous souhaitez et vous seul pouvez la créer !

Avez-vous vu un bébé à son arrivée sur terre ? Il est pur amour et pure lumière, il est la bonté incarnée… C'est en grandissant qu'il va absorber les croyances limitantes de notre monde, de ses parents, de ses amis, de ses enseignants, de ses partenaires de vie. En fait, il va absorber les peurs et les croyances des autres qu'il va finir par ancrer en lui !

Exercice

Sauriez-vous dire là maintenant, avec exactitude, quel a été votre tout premier lien karmique ? Votre première dette karmique ? Votre toute première peur à vous, non celle que quelqu'un vous a fait ancrer ? Mais aussi votre première croyance limitante ? Votre première blessure émotionnelle ?

Une chose toute simple qui vous permettra d'analyser les vôtres et celles de votre entourage, ce sont les mêmes phrases que l'on répète sans cesse…

Par exemple :

- « les hommes sont tous les mêmes » ; si un homme vous a trahie, c'est qu'il n'a pas su vous aimer à votre juste valeur, cela ne veut pas dire qu'ils sont tous pareils !
- « je ne peux pas gagner ma vie en faisant des soins énergétiques » ; et pourquoi pas ? Certains y arrivent très bien !

Posez-vous la question : est-ce que votre mère disait cela ? Votre père ? Quelqu'un d'autre dans votre entourage ?

Le travail de guérison de l'âme commence par la prise de conscience, puis l'acceptation et enfin le travail sur soi pour se libérer !

Les peurs

Prenons un exemple, concrètement et réellement, soyez honnête avec vous-même : avez-vous peur de sortir le soir dans la rue ?

La plupart d'entre nous répondront « oui » à cette question[3]. Pourquoi ?

3. Si vous avez répondu « non », imaginez cinq secondes que vous êtes seul dans la rue en train de marcher tranquillement. Soudain, vous entendez un bruit derrière vous. Comment réagissez-vous ? Vous criez ? Vous partez en courant ? Si vous réagissez ainsi, alors vous êtes dans la catégorie du « oui ».

Parce que depuis la nuit des temps, on nous a raconté des histoires qui font peur et qui se passent le soir, parce que les films ainsi que les médias alimentent cette peur… Si vous regardez tous les soirs le journal de 20 heures, vous ne verrez que des actualités négatives et qui tournent en boucle, car elles vous sont répétées chaque jour, jusqu'à ce qu'une nouvelle catastrophe arrive. Ensuite, vous regardez le film de la soirée (où la plupart du temps il n'y a que des meurtres ou des histoires assez glauques), ce qui vient alimenter un état de vibration basse, et ensuite vous allez vous coucher avec toutes ces mauvaises nouvelles annoncées aux infos puis votre film qui vous a mis les chocottes… Comment dormez-vous après tout ceci ?

Pourquoi avoir peur la nuit mais pas la journée, alors qu'il se passe autant de choses si ce n'est plus ?!

Il est possible que vous ayez vécu un événement traumatisant qui a ancré cette peur en vous, que vous ayez peur de revivre certaines situations, mais nous avons aussi des peurs qui ne nous appartiennent pas.

Ainsi, elles peuvent appartenir à notre famille et nous ont été transmises : votre mère vous a toujours dit qu'il fallait travailler dur dans la vie pour réussir, alors vous faites certainement un travail dur aujourd'hui. Vos parents vous ont toujours dit que la vie était difficile, alors votre vie le sera, car vous l'avez intégré en vous, votre vie actuelle est certainement compliquée, non ?

Et il y a les peurs totalement inconscientes, que nous ne maîtrisons pas et qui peuvent parfois nous faire perdre la tête.

Lors de ma première grossesse, j'ai eu peur de mettre au monde mon bébé, du passage et de sa sortie ; je ne me voyais pas accoucher par voie basse et j'en ai fait des cauchemars.

C'était ma première grossesse et personne de mon entourage n'avait vécu de drame qui aurait pu me marquer. En allant dans mes Annales Akashiques, j'ai découvert que dans une de mes vies, j'avais perdu la vie en la donnant à mon enfant. Lorsque j'ai demandé à mes Guides pourquoi j'avais cette peur aujourd'hui, ils m'ont répondu que cette mémoire avait été douloureuse pour la famille, j'ai donc inconsciemment enregistré cela en mon âme. Et au moment de revivre ce schéma de grossesse, je rejouais cette peur…

Le fait d'avoir su le pourquoi de cette peur a déverrouillé instantanément la peur de mettre au monde mon bébé, j'ai même mieux vécu ma grossesse par la suite.

Patricia

« J'adore aller à la piscine et à la mer, pourtant j'ai toujours eu peur de l'eau jusqu'à ma visite dans mes Annales Akashiques. La vision qui en est ressortie était moi qui tombais dans un puits et je me noyais car je ne savais pas nager… Cela s'est produit dans ma dernière vie. »

Les vœux

Les vœux sont des promesses, des pactes ou des contrats d'âmes que nous avons passés avec des personnes, des institutions ou avec la religion dans nos vies passées mais aussi dans celle-ci.

LES VŒUX NE SONT PAS RESPONSABLES DE TOUT !

Je préfère être assez claire quand je parle des vœux, car il y a toujours ceux qui pensent que c'est une échappatoire en se disant « mon problème vient de là », alors que non, si vous achetez sans cesse des choses sur Internet par exemple et que vous finissez à découvert à la fin du mois, cela n'a rien à voir avec le karmique, le problème vient du fait que vous dépensez votre argent sans réfléchir ! De même, si vous pensez que tout vous est dû et qu'en demandant à papa et maman de l'argent constamment, il n'y a rien de karmique là non plus !

Lorsque l'on parle de vœu de pauvreté, par exemple, cela concerne des personnes qui malgré tous leurs efforts n'arrivent pas à s'en sortir : si vous êtes un acheteur compulsif et que vous finissez à découvert chaque mois, il n'y a pas de vœu de pauvreté ! Bien souvent, votre vision de l'argent est erronée, elle fait le malheur des uns et des autres, ou dans le milieu spirituel il faut avoir un don et donc offrir ses services.

Le vœu de pauvreté

Si vous êtes à découvert chaque mois, si dès que vous mettez un peu de sous de côté, vous recevez une grosse facture qui correspond à ce que vous avez pu épargner… il y a fort à parier que vous avez prononcé un vœu de pauvreté.

C'était le cas par exemple d'un de mes premiers consultants, un monsieur très généreux, qui donnait beaucoup de son temps aux autres, s'occupait de sa maman d'un certain âge, passait des heures dans une association pour les sans-abris. Il vivait simplement et cumulait plusieurs emplois, mais il était constamment à découvert. L'abondance financière n'était pas là.

Le vœu de chasteté

Le vœu de chasteté va vous poursuivre dans cette vie par exemple avec un manque ou une absence totale de libido, si vous rencontrez des problèmes de frigidité, d'impuissance, de stérilité… Si vous manquez de créativité également. En fait, cela se manifeste par l'absence de désir et de plaisir sous toutes ses formes, seul ou en société.

Prenons l'exemple de cette femme qui n'arrivait pas à avoir d'enfant, pourtant elle voulait être mère. Elle avait tout envisagé et essayé, vu bon nombre de thérapeutes, mais rien n'avait fonctionné ! Un vœu de chasteté avait été passé dans une vie précédente, assez récente ; après avoir eu cette prise de conscience et accompli un travail de fond, elle a eu des jumelles l'année suivante.

Le vœu de célibat

Le vœu de célibat va se manifester dans cette vie sous forme d'autosabotage dans vos relations sentimentales. Vous aimez la solitude et vous préférez être seule pour votre tranquillité. Vous ne souhaitez pas vous engager, ni vous marier, vous n'avez pas d'enfant et/ou vous ne souhaitez pas en avoir… Si vous avez eu de nombreuses conquêtes et que celles-ci se sont toujours très mal terminées, tous ces exemples peuvent laisser penser au vœu de célibat.

Prenons l'exemple de cette femme récemment eue au téléphone qui ne trouve pas de partenaire et qui désespère un peu. Pourtant, elle aime sa solitude et n'a pas envie de chambouler son traintrain. Elle est déjà dans une dualité intérieure, elle souhaite faire une rencontre, mais ne fait rien en ce sens et, de plus, elle aime sa solitude. Le vœu de célibat a créé cette dualité en elle.

Le vœu de sacrifice

Le vœu de sacrifice est assez répandu, on le retrouve chez quasiment toutes les personnes qui se dévouent aux autres et s'oublient par conséquent. Si vous faites toujours passer les autres en premier, que vous ne savez pas dire non, bref, que vous en arrivez même à oublier pourquoi vous êtes ici, sur terre...

Pour certains, c'est une échappatoire à une vie peu intéressante que ce soit seul ou en couple. Pour d'autres, le vœu de sacrifice a pris sens encore dans cette vie.

Le vœu de sacrifice amène souvent à la dépression et/ou au burn-out, cela peut s'apparenter à une crise identitaire, vous ne savez plus qui vous êtes car vous avez perdu tous vos repères. Vous avez l'impression de ne pas exister pour vous-même.

Prenons l'exemple d'une femme qui vient me voir à mon cabinet, à qui toute sa vie on a appris qu'il fallait être généreuse, qu'il fallait partager, qu'il fallait faire passer les autres avant soi. Elle s'occupe toute sa vie de ses enfants, de ses patients (elle est devenue infirmière de son mari lorsque celui-ci est tombé malade)... Puis un jour, ses enfants partent pour leurs études, son mari décède, cette femme se retrouve seule et, au final, perd tous ses repères, car elle ne s'est jamais retrouvée seule de sa vie avec elle-même. Au fond, elle ne sait plus qui elle est...

Le vœu de silence

Le vœu de silence passé autrefois peut se manifester dans cette vie par des problèmes de timidité excessive, de bégaiement, des troubles du langage, des personnes sourdes et/ou muettes, ou tout simplement qui parlent peu ou qui ont du mal à exprimer leurs émotions, leurs ressentis et à donner leurs opinions. Cela peut se manifester aussi par des troubles autistiques.

Ainsi cet homme qui préfère me contacter par mail pour ne pas me déranger car tenir une conversation orale est pour lui un vrai supplice ; il bégaie et voit les gens autour de lui s'impatienter en attendant qu'il ait fini sa phrase, ce qui peut lui prendre plus de deux minutes…

Le vœu de souffrance

Le vœu de souffrance se manifeste dans cette vie par la plupart des addictions : alcool, drogue… tout ce qui vous permet de vous faire du mal, de détruire votre corps (l'automutilation, par exemple). Il concerne également les personnes qui ont des idées suicidaires et/ou qui passent à l'acte.

Prenons l'exemple de cet adolescent dont la mère m'a appelée : il subissait un harcèlement scolaire et, se sentant très mal, il s'infligeait des blessures au niveau du corps. Il se scarifiait pour apaiser ses maux.

Le vœu d'obéissance

Le vœu d'obéissance, c'est lorsque vous avez donné votre pouvoir à quelqu'un ou à une communauté. « Je ne peux pas faire autrement » en est la phrase type. Vous vous dévalorisez, pensant que l'autre est toujours meilleur que vous-même. Vous avez peu de volonté et vous vous sentez comme emprisonné.

Prenons l'exemple de cette femme qui me raconte qu'elle se sent incapable, qu'elle voudrait faire ce qu'il lui plaît et se lancer dans la peinture, mais son amie est bien meilleure qu'elle et son travail vaut bien plus que le sien, d'ailleurs son amie commence à être connue et reconnue pour ses toiles. Cette femme a l'impression de subir constamment la vie, non de la vivre pleinement…

Le vœu de mariage

Si nous devions faire le compte du nombre de fois où nous avons dit « oui » à une autre personne, nous pourrions nous rendre compte que le vœu de mariage est celui le plus souvent répété au fil de toutes nos vies. Nous avons des centaines de fois, voire des milliers de fois, juré et promis fidélité, amour, respect et pardon ! Ce qui depuis la nuit des temps a créé toutes nos fameuses blessures, celle de l'abandon, de la trahison, de l'injustice, de l'humiliation et du rejet ! Car dans chacune de nos vies ou dans la plupart de celles-ci nous avons dit « oui » à quelqu'un d'autre ! Non seulement il est un vœu que l'on a passé de nombreuses fois, mais de ce fait on le retrouve dans la catégorie des contrats d'âmes.

Car oui nous avons choisi avec qui nous allions nous marier, puis éventuellement divorcer et retrouver une autre âme, puis nous marier à nouveau.

Et là, pour rajouter une couche et pas des moindres dans ce vœu, on a ajouté une symbolique pour intensifier le vœu, il s'agit de l'anneau qui a fini à votre doigt ! Le mariage est un moment convivial, chaleureux, dans l'amour, cet événement est monté haut en vibration.

Par conséquent, lorsque vous divorcez, si vous souhaitez réellement et concrètement couper le lien qui vous relie à l'autre, il va falloir vibrer aussi haut qu'au moment de votre mariage ; malheureusement, dans la plupart des cas, la séparation puis le divorce finissent plus dans la douleur et la souffrance, venant réactiver de belles blessures, que dans la joie et la bonne humeur. Or l'énergie négative qui se dégage de cette séparation va ancrer en vous une mauvaise énergie qui sera alimentée chaque fois que vous verrez monsieur ou madame venir chercher les enfants, lesquels seront eux-mêmes « pris au piège » par cette énergie néfaste pour les parents.

Pour venir couper ce lien qui unissait ces deux personnes, il faudrait pouvoir célébrer une cérémonie aussi intense que celle du mariage ; pas simple à accomplir, mais heureusement il y a d'autres techniques (voir « La libération des vœux », p. 135).

Pour manifester quelque chose dans votre vie, il vous suffit de le vibrer assez fort, en le disant, en le pensant et en passant à l'action, mais si vous rajouter une symbolique, il faut bien faire attention à laquelle, car vous allez amplifier le phénomène.

Les blessures émotionnelles

Nous vivons tous avec nos défauts, nos faiblesses, nos fêlures, que l'on cherche la plupart du temps à dissimuler aux autres, mais le plus souvent à nous-mêmes. Nous préférons les camoufler pour ne pas y penser et surtout ne pas y faire face.

Cela se fait généralement de façon inconsciente, mais ces blessures finissent toujours par remonter à la surface !

Nous sommes le reflet de notre être et les gens nous perçoivent tels que nous sommes.

Si je porte en moi la blessure de la trahison par exemple, je vais rencontrer forcément une ou plusieurs personnes dans ma vie qui vont me permettre de travailler cette blessure en appuyant à chaque fois sur le bouton magique, c'est-à-dire là où ça fait mal !

Nous pouvons être trahis par notre conjoint qui ne nous aime plus et qui n'ose pas nous quitter, par un ami qui jalouse ce que nous avons, par un frère ou une sœur pour avoir plus d'attention de nos parents, un collègue de boulot qui veut notre place…

Toutes ces personnes ne sont pas mauvaises pour autant, nous les rencontrons car nous dégageons cette blessure dans notre vibration, sans même nous en rendre compte et par conséquent nous les attirons à nous.

Et tant que nous n'aurons pas compris, une autre personne se présentera à nous pour appuyer encore sur le bouton.

Toutes nos blessures sont aussi d'origine karmique, car nos blessures nous suivent si elles n'ont pas été conscientisées, travaillées et transformées. Et comme l'ouverture d'esprit que nous avons aujourd'hui n'est absolument pas la même qu'auparavant, il y a fort à parier que vous revenez dans cette vie avec quelques-unes de ces blessures.

Nous avons tous en nous des blessures qui ont déjà eu lieu dans une ou dans d'autres vies, et qui sont réactivées aujourd'hui car elles n'ont pas été comprises en tant qu'expériences.

Pour qu'elles soient transformées, il faut impérativement deux choses : les conscientiser puis les travailler. Et l'Univers va vous y aider en vous envoyant les bonnes personnes.

Bien souvent, nous qualifions les personnes de mauvaises parce qu'elles nous font du mal, alors que nous devrions les voir comme des personnes qui nous permettent de conscientiser et de travailler sur nos blessures.

Nous regardons toutes les personnes ou situations en premier lieu avec le regard de l'être humain, celui qui juge, alors que si nous les regardions avec le regard de l'âme, nous les verrions avec notre cœur.

Pour prendre conscience de ces blessures, regardez ce qui se rejoue dans votre vie depuis que vous êtes enfant.

Les blessures de l'âme sont activées et/ou réactivées par des personnes la plupart du temps qui nous sont proches. D'où le fait que ce soit toujours douloureux.

Un enfant va se construire toujours de la même façon, par l'amour = maman et la sécurité = papa... Si l'un des deux est défaillant, alors l'enfant va s'imposer des barrières mais aussi des mensonges pour grandir à peu près sereinement. Par exemple, si je prends une baffe par ma maman étant enfant, je vais occulter cette scène pour faire en sorte que maman soit toujours égale à l'amour...

Arrive cependant toujours un moment où l'on va prendre conscience de certaines choses ou événements, où certains voiles vont se lever pour faire place au vrai. Cela peut être très déstabilisant, surtout au tout début, on peut même parfois faire une espèce de crise identitaire, le fameux « qui suis-je ? ».

La blessure d'abandon

Chaque être humain sur cette planète a cette mémoire de la blessure d'abandon en lui pour la simple et bonne raison que nous avons tous quitté à un moment le plan de la Source pour venir nous incarner, nous avons « abandonné notre vraie maison » pour venir ici-bas expérimenter la vie.

Nous avons abandonné notre foyer, nous portons donc tous cette blessure en nous. Ensuite, elle sera réactivée par notre vécu : si vos parents vous ont abandonné à la naissance par exemple, cette mémoire sera plus développée chez vous. Cela va entraîner un déracinement, vos origines ne seront pas forcément en accord avec la famille qui vous adoptera.

Au-delà de l'abandon au sens pur, nous pouvons aussi avoir cette blessure si nous avons été séparés d'un ou de nos parents à notre naissance par exemple, si nous avons été confiés à nos grands-parents car notre mère devait se faire opérer ou juste pour passer des vacances avec nos grands-parents, car nos parents travaillaient et ne pouvaient prendre de congés, à la suite d'un divorce lorsqu'un des deux parents s'en est allé, etc.

Agathe

« J'ai pris conscience de ma blessure d'abandon lorsque mon mari m'a quittée du jour au lendemain… Au fur et à mesure d'un travail sur moi, je me suis rendue compte que j'avais toujours eu peur que l'on m'abandonne ou que l'on me laisse car je n'étais pas assez bien pour l'autre. Cette mémoire avait été réactivée lorsque mon père m'avait perdue pendant une balade au marché de mon village, j'avais trois ans. »

C'est de cette blessure d'abandon que naissent toutes les autres selon moi. Car si on prend l'exemple des parents qui ont abandonné leur enfant, et peu importe le pourquoi (nous ne sommes pas là pour juger les actes de certaines personnes), cet abandon va déclencher la blessure de rejet (« je me sens rejeté car mes parents n'ont pas voulu de moi »), la blessure d'injustice (« pourquoi je n'ai pas le droit d'être avec ma vraie famille, ce n'est pas juste »), la blessure de la trahison (« je me sens trahi par mes parents car ce sont eux qui sont censés le plus m'aimer sur cette terre ») et la blessure d'humiliation (« je me sens humilié et je me sens sali »).

La blessure de rejet

La blessure de rejet est une blessure profonde, car il suffit de s'être senti rejeté par son père ou par sa mère ne serait-ce qu'une fois étant enfant pour qu'elle soit acquise.

Cela peut arriver très tôt, même en tant que fœtus, si la mère se pose des questions sur le fait de garder ou non son bébé. Le rejet arrive aussi lorsque l'un des parents voulait un garçon et que c'est une fille qui pointe le bout de son nez. Il suffit que cette petite fille en grandissant soit prise pour cible par ses camarades de classe et la sensation de rejet sera encore plus grande, et ainsi de suite…

Une personne qui vit avec la blessure d'abandon peut penser qu'elle n'a pas sa place ici sur terre, qu'elle ne mérite pas de vivre, qu'elle ne vaut rien et qu'elle n'a pas le droit d'être aimée… Dans toutes les situations qui se présenteront à elle, elle fera de l'autosabotage, c'est-à-dire qu'elle fera capoter toutes ces situations ou relations pour être toujours dans cette vérité qu'elle ne vaut rien, et ce de façon consciente ou inconsciente !

Sarah

« J'ai été victime de harcèlement scolaire étant jeune, car mes parents m'habillaient comme un vrai garçon. J'étais la troisième fille et mon père désespérait d'avoir un garçon. Tandis que je grandissais, mon père m'a transmis son métier et j'ai dû reprendre son entreprise. Je n'ai jamais été une femme, ni vécu comme telle, j'ai dû rejeter la partie féminine en moi pour exister aux yeux de mon père… Il est décédé il y a deux ans et depuis je travaille sur moi en apprenant à m'aimer et à faire exister cette partie féminine. »

La blessure d'injustice

La personne qui a la blessure d'injustice ne connaît plus sa voix intérieure, celle qui nous guide en tout temps, la voix de notre âme. L'enfant cherche à être entendu pour qui il est et à être respecté. Mais les adultes lui ont fait comprendre qu'il n'avait pas le droit de donner son avis, d'exprimer ses émotions, etc.

Il va bouillonner de l'intérieur et se barricader pour ne plus être une victime, il va devoir tout contrôler dans sa vie pour que rien ne lui échappe et il va se juger sévèrement.

Charlie

« Lors d'une lecture d'âme, je suis remontée à ma précédente vie où j'avais perdu tous les membres de ma famille dans un incendie. J'avais réussi à m'en sortir je ne sais trop comment… J'étais anéantie et j'ai mis fin à mes jours tellement j'avais trouvé injuste que moi seule vive encore… Dans cette vie, je suis devenue pompier volontaire car je trouvais que la vie était souvent injuste, jusqu'à ce que je comprenne l'origine de cette vocation et de cette phrase que je répétais sans cesse. »

La blessure de trahison

Entre les promesses non tenues, les manipulations, les mensonges ou encore un manque d'affection, la blessure de trahison est très courante et laisse des traces dès le plus jeune âge. En effet, nous mentons TOUS à nos enfants : lorsqu'ils découvrent que la petite souris ou le père Noël n'existent pas, le monde s'effondre – c'est le plus gros mensonge du monde lorsque l'on est tout petit...

Parfois, on ment en pensant que c'est pour le bien de l'autre (comme lorsqu'un animal décède et que l'on ne veut pas que notre enfant souffre, ou lorsque l'on cache la façon dont est décédé un proche par peur de blesser la famille). Mais peu importe le mensonge, tout finit par se savoir à un moment où on ne s'y attend pas forcément, histoire d'enfoncer un peu plus le clou dans une situation qui peut être déjà inconfortable pour nous depuis des années.

De même qu'un parent qui s'en va suite à un divorce ou qui meurt, nous pouvons nous sentir trahis car il ne nous aura pas protégés jusqu'au bout.

Cette blessure va souvent revenir à cause du karmique également. Elle va être réactivée par un compagnon qui partira avec votre meilleure amie, histoire que la trahison soit bien complète et que celle-ci vous déstabilise !

Dans ce genre de trahison, le karmique peut se rejouer d'une vie à une autre : une scène se rejoue avec les mêmes protagonistes pour voir comment vous allez réagir cette fois.

Il faut alors avoir assez de recul pour le comprendre et s'en rendre compte ! Car quand on souffre, on voit avec ses yeux d'être humain qui juge et qui entre dans une colère qui peut être destructrice.

Personne ne se dit tout de suite : « Tiens, mon mari vient de me tromper avec ma meilleure amie, j'en déduis que je dois travailler la blessure de trahison ainsi que celle d'abandon car je viens de perdre deux personnes… Je vais commencer à travailler sur moi et pourquoi pas les inviter à boire le café pour les remercier de ce magnifique cadeau qu'ils m'ont fait ! »

Et pourtant…

Annabelle

« Il y a quelques années, ma sœur est partie avec mon mari, je n'avais rien vu venir… J'ai eu beaucoup de colère en moi et surtout envers eux. Lors d'une lecture d'âme, j'ai découvert que le même scénario s'était déjà produit et que j'avais décidé d'être très mauvaise avec eux. Lorsque j'ai pris conscience que l'on répétait la même trahison, j'ai décidé de travailler sur moi. Aujourd'hui, il n'y a plus de tension entre nous trois et je suis en paix avec moi et avec eux ! »

La blessure d'humiliation

La blessure d'humiliation, c'est se rabaisser sans cesse et se sentir indigne d'être aimé ou apprécié pour qui on est vraiment.

Par exemple, les points de comparaison ne manquent pas entre frères et sœurs : il y a toujours un préféré même si les parents prétendent que ce n'est pas le cas, et les autres se sentent alors dévalorisés, moins aimés…

De même dans une compétition sportive : on va beaucoup se comparer à l'autre en pensant que nous sommes moins bien (bizarrement, c'est rare de se dire « je suis plus fort que lui »…).

De là, commence la spirale infernale de cette blessure. Humiliation rime avec comparaison et au final c'est la blessure du jugement, du regard de l'autre…

Il y a un besoin totalement inconscient de se retrouver en permanence dans des situations où l'on va être rabaissé, se sentant inférieur et ce peu importe le domaine.

Bérénice

« Enfant, j'étais grosse et mes camarades de classe m'avaient trouvé des surnoms prétendument très "rigolos" !

Cette période de ma vie a été difficile à vivre, sachant qu'à la maison j'étais la seule à avoir ce poids et que, par conséquent, ma famille m'avait également donné le surnom de "la grosse". Arrivée à l'adolescence, j'ai compris que je faisais honte à mes parents... En grandissant, je n'ai jamais eu confiance en moi et l'estime de moi était au point mort !

Après une lecture, j'ai pris conscience que ce poids n'était pas lié à cette vie mais à celle d'avant, où je menais une belle vie et où être ronde était synonyme d'être forte et en bonne santé !

"Je suis forte", cette phrase se répétait sans cesse dans ma tête. J'ai trouvé la force en moi de me donner de l'estime et j'ai retrouvé confiance en moi. Aujourd'hui, je suis mannequin pour femme forte et j'assume totalement qui je suis ! »

L'incarnation

Sur le plan de l'âme, la blessure de l'abandon peut également créer un problème au moment de l'incarnation.

Mes Guides m'ont présenté l'incarnation comme une espèce de grand toboggan dans lequel l'âme descend pour se retrouver à la sortie du ventre de sa mère, le jour de sa naissance.

L'âme s'incarne dans la matière pour vivre des expériences, mais elle sait aussi que cela comporte son lot de mésaventures, qu'il lui faudra vivre avec des émotions humaines, etc. ; cela peut la faire douter ou lui faire peur, surtout suivant ce qu'elle a décidé de venir expérimenter ! Elle a le choix de faire demi-tour.

Parfois, l'âme qui est censée s'incarner décide de faire demi-tour car ce n'est pas le bon moment pour elle ou pour les parents ; la maman fera alors une fausse couche, ou il se produira ce que l'on appelle la mort subite du nourrisson. Mais sachez que cette petite âme reviendra un peu plus tard.

Le refus d'incarnation

D'autres âmes encore essaieront de faire demi-tour, sans y parvenir : en voyant la fin du toboggan arriver, nous écartons les jambes pour freiner et ainsi ne pas descendre[4], mais nous sortons quand même car la descente était déjà bien entamée… Bien souvent dans ces cas-là, l'accouchement est assez chaotique ; il arrive également qu'il se passe relativement bien mais que le bébé ait des complications ou arrive par le siège, ou encore qu'il ait des problèmes au niveau des hanches et/ou des jambes.

Même si par la suite l'enfant va bien, l'âme a souhaité faire demi-tour… Il y a eu un refus de l'incarnation.

Ma mère m'a raconté que, quand j'avais deux-trois mois, le médecin a remarqué que mes hanches n'étaient pas dans leur axe. Pour y remédier, j'ai dû passer un bon mois à la clinique avec des poids suspendus aux jambes puis une barre qui me maintenait les jambes écartées, et j'ai été plâtrée des deux jambes plusieurs mois ! Ma mère venait me voir aussi souvent qu'elle le pouvait et elle me massait les jambes ; grâce à elle, j'ai pu marcher correctement.

4. C'est cette image-là précisément que les Guides m'ont montrée pour me faire comprendre que parfois le moment de l'incarnation pour l'âme peut être délicat.

J'ai compris par la suite grâce à mes Guides que j'avais eu un refus d'incarnation peu profond et que la blessure d'abandon avait été activée dès toute-petite par ce refus d'incarnation qui me privait plusieurs mois de mes parents au quotidien. Ma mère et mon père n'y pouvaient rien, c'est ce que j'avais choisi d'expérimenter.

Plusieurs signes indiquent qu'on a vécu un refus d'incarnation :

- vous ne vous sentez pas à votre place sur terre ;
- vous n'avez le goût de rien ;
- vous avez parfois des idées suicidaires ;
- vous avez l'impression que votre chemin est à côté de vous, mais vous ne savez pas comment vous retrouver dessus ;
- vous êtes constamment dans la lune ;
- vous avez l'impression d'être à côté de vos pompes ;
- aucun de vos projets n'aboutit ;
- vous avez l'impression d'être un chat noir.

Un seul de ces signes peut exprimer un léger refus, tandis que manifester tous les signes exprime un refus beaucoup plus profond.

Il vous faudra vous en défaire (voir « L'acceptation de l'incarnation », p. 116) si vous voulez voir les choses évoluer et changer dans votre vie ; encore une fois, c'est à vous de vous mettre en route et de passer à l'action, personne ne pourra le faire à votre place, car vous seul avez choisi de vous incarner !

Les Annales Akashiques peuvent vous révéler s'il y a un refus d'incarnation pendant une lecture d'âme.

Anaïs

« J'ai toujours eu la tête dans les étoiles et cette sensation que je n'avais pas ma place ici. Lorsque j'ai compris que j'avais refusé mon incarnation, ce fut un véritable choc en premier lieu, puis je me suis mise à pleurer ; je venais de comprendre pourquoi je me sentais aussi différente des autres depuis mon enfance… J'ai énormément travaillé sur moi et aujourd'hui je remercie la vie chaque jour d'avoir eu cette prise de conscience et d'avoir pu m'en libérer. »

Les croyances limitantes

Une croyance limitante, c'est ce que l'on a cru à un moment donné et que l'on croit encore, et qui nous empêche d'avancer de façon sereine ; si vous avez toujours entendu qu'il fallait travailler très dur à l'école pour réussir, par exemple, il se peut qu'aujourd'hui, vous ne soyez pas épanoui dans votre travail car vous n'étiez pas un bon élève. Bien souvent là aussi, comme les peurs, elles ne viennent que très rarement de nous au tout début.

Là encore, prenons l'exemple du bébé qui arrive dans ce monde : vous vous rappelez, il est pur amour et lumière… Imaginons qu'il est né bien potelé – comme la plupart des bébés. Tout le monde, autour de lui, lui rappelle son embonpoint. « Oh, il est bien en chair, bien dodu », « oh, il a bien mangé », « oh, la cantine est bonne », « il a de bonnes joues » et j'en passe. Par la suite, les médias vont lui rappeler qu'il est au-dessus de la norme dans ce monde. Puis un copain de classe va lui faire une réflexion sur son poids, le prof de sport lui faire comprendre qu'il devrait s'activer un peu plus, etc.

Jusqu'à un moment donné où cet enfant va se regarder dans le miroir et se dire : « Je suis gros, ils ont raison ! » Après tout, toutes ces personnes le lui répètent, donc il y croit et il finit par le penser lui-même. Et là ce poids s'ancre en lui ! Inconsciemment, il va prendre encore plus de poids car il est en accord avec ses pensées et avec la façon dont les gens le perçoivent.

La famille

La plupart du temps, nous avons passé des contrats d'âme avec notre famille et nous rejouons les mêmes scénarios mais sous des angles différents.

Nous revenons sans cesse avec les mêmes protagonistes mais ils vont jouer un rôle différent ou non dans les autres vies.

J'ai eu une dame une fois en consultation qui me parlait de la relation, assez tendue, entre son fils et son mari. Le fils appréciait beaucoup sa mère, il aimait aussi son père, mais cette femme sentait comme une espèce de jalousie entre eux, à la limite de la rivalité. Son fils prenait rapidement la posture du père lorsque celui-ci devait s'absenter de la maison et il prenait son rôle très à cœur. Lors de sa consultation dans ses mémoires akashiques, elle m'a simplement demandé quel lien particulier elle avait eu avec son fils sans m'expliquer quoi que ce soit ; lorsque je lui dis qu'il avait été son mari dans sa vie d'avant, elle était assez surprise ne pensant pas cela possible mais cela concordait tellement avec tout ce qu'elle vivait qu'elle n'avait plus de doute. Les Guides lui donnèrent comme conseil de faire comprendre à son fils qu'aujourd'hui il était un enfant dans cette famille et non le père et encore moins le mari. Elle m'envoya un mail plus tard pour me raconter qu'un soir, alors que son mari et son fils se prenaient la tête pour la énième fois, elle piqua une crise de nerfs et dit à son mari de prendre sa place de père dans cette famille et dit à son fils qu'ici il n'était qu'un enfant et non son mari ! Les deux en sont restés pantois. Depuis, même si cela leur arrive encore de se chamailler, une complicité s'est installée entre eux.

Le transgénérationnel

Le transgénérationnel est l'ensemble des mémoires qu'une personne porte en elle et qui lui ont été transmises par ses ancêtres.

Les mémoires conscientes

Les mémoires conscientes concernent les membres de notre famille qu'on a connus de notre vivant : par exemple, vous avez toujours vu votre mère être à l'écoute et gentille avec les autres, alors vous allez essayer de faire comme elle, ou votre père était un alcoolique et quelqu'un de très colérique et vous allez tout faire pour ne pas devenir comme lui.

Elles sont conscientes car vous avez vu ces situations, ou vous les avez vécues et vous les avez accueillies en vous. Bien souvent, nous allons vouloir prendre modèle sur les parents que nous avons eus, un bon comportement va s'engrammer en nous car nous sommes en accord avec celui-ci, un comportement que nous allons juger comme négatif, nous allons l'engrammer également mais en nous répétant que nous voulons en être l'opposé.

En bref, vous savez avec quoi vous êtes en accord et avec quoi vous ne l'êtes pas.

Ce type de mémoires est beaucoup plus simple à libérer car le fait de les conscientiser (d'en prendre conscience) permet cette libération. Vous pouvez donc déjà faire un sacré nettoyage de nombreuses mémoires.

Les mémoires inconscientes

Il y a aussi les mémoires qui sont inconscientes, qui transitent par l'inconscient collectif familial, c'est-à-dire qu'elles se transmettent de génération en génération et que, par conséquent, vous ne les avez pas vécues, ni vues se dérouler sous vos yeux.

Certaines personnes de notre famille ont pu vivre un événement douloureux et traumatisant qu'elles n'ont pas su gérer et qui ont donné des secrets de famille : un grand-père qui n'est finalement pas le vrai père, la mort d'une femme enceinte qui perd la vie en mettant au monde son bébé, la perte d'un enfant dont on donnera le prénom à un autre de ses enfants, un membre de la famille dont on tait le nom car il a commis des choses affreuses et dont on préfère oublier l'existence, le meurtre d'un père masqué en crise cardiaque, l'arrière-grand-mère qui guérissait les gens avec les mains et qui a été brûlée sur un bûcher pour sorcellerie, etc.

Une énergie s'est créée autour de ce traumatisme et va se transmettre au niveau de l'inconscient familial.

Prenons le cas d'une femme qui perd son premier enfant après quelques jours de vie. Cela la plonge dans un état émotionnel sombre et elle n'arrive pas à faire son deuil… Quelques mois plus tard cependant, elle donne la vie à un nouvel enfant et choisit de lui donner le même prénom que celui qu'elle a perdu quelques mois auparavant. Ce nouvel enfant sent constamment un décalage, il ne se sent pas à sa juste place. Effectivement, il ne l'est pas puisqu'il vit à la place de son frère ou de sa sœur tout juste décédé !

De même, un enfant dont le père n'est pas le « vrai » père va sentir une différence car ses origines ne sont pas les bonnes, il peut se sentir exclu de cette famille, ne pas se sentir à sa juste place. Être en colère envers son père car il sent que quelque chose n'est pas aligné ; il peut même en arriver à se faire la réflexion « je suis trop différent de lui ! » et encore plus si la ressemblance physique avec sa mère n'est pas au rendez-vous.

Et cette sorcière, brûlée vive sur un bûcher à tort : les membres de sa famille qui voudront aider les autres auront toujours du mal à se lancer car la peur du jugement et du regard des autres sera omniprésente !

Dans l'inconscient collectif familial, des dates marquantes peuvent aussi jouer un rôle.

Si un enfant naît dans la famille le jour anniversaire du décès de l'arrière-grand-père, on imaginera que c'est l'arrière-grand-père qui vient de se réincarner et c'est ce que l'on va projeter sur ce nouveau-né…

Il peut aussi se mettre en place une espèce de loyauté familiale si plusieurs hommes décèdent à l'âge de cinquante ans d'une crise cardiaque : inconsciemment et encore plus si vous êtes un homme, vous penserez qu'à cinquante ans vous mourrez d'une crise cardiaque ! Et le pire, c'est que ça risque vraiment de se produire car si vous y pensez nuit et jour et que vous en parlez sans cesse, vous allez le manifester dans votre vie !

Les mémoires inconscientes demandent un véritable travail sur soi, le simple fait de le conscientiser ne fera qu'une partie du travail, il faut retourner à l'origine de la problématique pour rompre cette énergie lourde de conséquences.

Vous êtes-vous reconnu dans une ou plusieurs parties de ce chapitre ?

Il y a de fortes chances que oui, et le principe de ce livre est justement de vous amener à vous libérer de tout ce poids que vous portez sur vos épaules… et que vous revivez en permanence, que ce soit de façon consciente ou inconsciente.

L'âme est une étincelle divine qui souhaite simplement vivre une vie entourée de ceux qu'elle aime. Trouver le bonheur, l'harmonie, la paix et arriver à être en osmose avec soi mais aussi avec les autres.

Nous avons toutes et tous au départ cette même envie, celle de goûter aux joies de la vie sur terre. Puis une fois incarnés, en fonction de l'enfance que nous avons eue, nous pouvons fortement nous en éloigner. L'adolescence est un moment crucial, celui qui déterminera plus ou moins qui l'on a envie d'être car c'est à ce moment précis que les croyances limitantes de nos parents prennent vie en nous.

Arrivés à l'âge adulte, nous pouvons continuer le chemin de l'exploration, puis arrive toujours le moment de remise en question, celui qui fait que l'on s'éveille, peu importe comment.

Concrètement, dans notre vie lorsque tout va bien, nous ne cherchons pas à travailler sur nous !

Puis un beau jour, notre petit monde intérieur s'écroule, sous le poids des fardeaux, lors d'un deuil, d'un burn-out, d'une maladie, d'un accident… La plupart du temps, pour que nous nous remettions en question, il faut que le choc soit « frontal » !

Votre âme a choisi de s'incarner, vous avez choisi de vous incarner ici et maintenant et là où vous habitez, vous avez choisi de vivre tout ce que vous avez vécu jusqu'à aujourd'hui. Soyez en joie, car ce chemin qui vous a amené à ce livre était le meilleur pour vous, il fait de vous la personne que vous êtes avec vos qualités et avec vos défauts.

Vous êtes une âme de pure lumière, vous êtes une étincelle divine, n'oubliez jamais cela !

Les énergies d'aujourd'hui font que nous avons tous cette possibilité de nous nettoyer et de nous alléger pour enfin nous réaliser pleinement plus rapidement.

De nombreuses thérapies ainsi que de nombreux outils sont à la disposition de tous, pour nous permettre de travailler sur nous en profondeur et pour enfin vivre la vie que nous souhaitons, celle pour laquelle notre âme s'est incarnée. Parmi eux, des thérapies dites « brèves » (il faut peu de séances pour obtenir des résultats) telles que :

- **l'Hypnose Ericksonienne**, fondée par Milton H. Erickson, une hypnose thérapeutique qui permet d'accéder au réservoir de ressources inconscientes de chaque individu sous état de conscience modifié ;
- **la PNL** (Programmation Neurolinguistique), qui analyse les compétences techniques dont les gens ont besoin pour atteindre leur objectif ;
- **les Constellations Familiales**, une méthode de thérapie familiale transgénérationnelle développée par Bert Hellinger, basée sur la mise au jour de l'inconscient familial par le

biais de jeux de rôle et de psychodrames qui auraient le pouvoir de résoudre les conflits ;

- **la Gestalt Thérapie**, une approche thérapeutique centrée sur l'interaction constante de l'être humain avec son environnement ;
- **l'EFT** (Emotionnal Freedom Technique), une pratique psychocorporelle fondée aux États-Unis en 1993 par Gary Craig ;
- **l'EMDR** (Eye Movement Desensitization and Reprocessing), un procédé de désensibilisation et retraitement par les mouvements oculaires.

La suite de ce livre va vous permettre de découvrir une pratique plus spirituelle, qui est ancestrale et par conséquent sacrée. Je vais vous guider pas à pas dans la lecture de votre âme, vous allez découvrir et entrer dans l'univers des Annales Akashiques, comme mes Guides me l'ont fait découvrir il y a de nombreuses années maintenant.

LES ANNALES AKASHIQUES POUR RETROUVER VOTRE CHEMIN DE VIE

La mémoire de l'Univers

Les Annales Akashiques sont la mémoire de l'Univers, elles contiennent les mémoires de tout ce qui vit, chaque être humain mais aussi les animaux, les pays, les planètes, etc.

Elles détiennent toute la connaissance du grand Tout, dont nous faisons partie.

Tout le monde possède son propre Akasha ou Annales Akashiques car il s'agit de la mémoire de notre âme, tout ce qui vit en possède une : les animaux, les végétaux, les minéraux, mais aussi les lieux, les villes, les îles, les pays, les continents...

Nous pouvons nous connecter à tout ce qui vit et accéder alors aux Annales Akashiques pour apprendre un savoir ou une connaissance.

Par exemple, vous pouvez poser la main sur un arbre de votre jardin et lui demander comment il peut vous servir. Un chêne pourrait ainsi vous dire que ses feuilles et son écorce soignent l'urticaire.

Votre maison aussi possède sa propre Annale Akashique : si c'est une vieille maison qui date par exemple de la Première Guerre mondiale, elle porte en elle une énergie particulière, déjà parce qu'elle aura vécu et été construite pendant la guerre.

De plus, son énergie dépend de celle de la personne qui l'aura construite : si par exemple cette dernière cherchait un endroit pour se cacher, les personnes qui viendront habiter là par la suite se sentiront cachées et en sécurité.

À l'inverse, si plusieurs couples se sont succédé dans une maison et qu'ils ont tous divorcé, la maison va prendre en elle cette énergie de séparation. Lorsque vous emménagerez à votre tour dans cette maison, il y a de fortes chances que vous ressentiez cette énergie, qui peut vous pousser à vous séparer de votre compagnon ou de votre compagne.

C'est pour cette raison qu'il est impératif de nettoyer votre maison avant d'y habiter, afin de la nettoyer et de la purifier de toutes les énergies que la maison a pu enregistrer dans sa vibration.

Exercice

Pour nettoyer votre maison ou votre lieu d'habitation, vous pouvez utiliser de la sauge : faites-la brûler tout en vous baladant dans votre maison, la fumée va permettre un nettoyage énergétique du lieu.

Ensuite, aérez en grand pendant dix minutes et laissez entrer une nouvelle énergie.

Retrouver votre chemin de vie

Dans votre vie actuelle, les Annales Akashiques vous permettent de remédier à certaines situations qui sont en lien avec vos vies antérieures, de terminer certaines actions ou expériences inachevées dans une vie précédente. Elles vous offrent aussi la possibilité de vous libérer de certains vœux (voir « La libération des vœux », p. 135), de comprendre ce que vous êtes venu faire ici, sur terre, de comprendre votre incarnation et votre mission de vie.

Aller dans vos Annales Akashiques va vous permettre en somme de récupérer la meilleure version de vous-même et de vous retrouver enfin sur votre chemin de vie.

Vous pouvez tout demander tant que cela est pour votre évolution et votre développement personnel.

Toutes les connaissances de votre âme sont répertoriées dans vos Annales Akashiques, vous allez donc pouvoir explorer différentes vies que vous avez eues et en réintégrer des savoirs, des connaissances mais aussi des talents cachés (voir « Récupérer un talent », p. 82).

Faire une lecture de l'âme ou d'Annales Akashiques vous permet de comprendre et de guérir toutes les situations qui s'imposent à vous. Vous pouvez vous libérer de nombreuses croyances qui sont limitantes (voir « Les croyances limitantes », p. 50), des blocages, des peurs (voir « Les peurs », p. 28), vous pouvez vous sortir de schémas répétitifs, qu'ils soient sentimentaux ou autres.

Sonia

« Depuis que je suis allée dans mes Annales Akashiques, ma vie a littéralement changé, j'ai découvert un endroit dans lequel je me sens véritablement chez moi et qui m'apporte des solutions aux questions que je me pose sur mon cheminement. »

Vous pouvez aussi avoir accès à votre arbre généalogique, à tout ce qui concerne le transgénérationnel afin de vous libérer également de croyances qui ne vous appartiennent pas (voir « La libération du transgénérationnel », p. 123). En travaillant sur tout ou partie de votre arbre, vous allez venir déverrouiller ainsi les autres membres de votre famille.

La réactivation de toutes vos mémoires

Il y a toujours une période charnière dans notre vie où une mémoire inconsciente vient repointer le bout de son nez ! Car les mémoires inconscientes finissent toujours par refaire surface et c'est justement en les pointant du doigt et en allant les explorer que l'on va pouvoir travailler dessus, s'en libérer et également le cas échéant remettre tous nos aïeux dans la lumière…

Tout cela va se manifester plus ou moins au même âge.

C'est ce qui s'est passé lors de ma deuxième grossesse (voir « Les peurs », p. 28) : ma première grossesse s'était très bien passée, mais lors de la deuxième grossesse, j'ai été prise d'une peur que je ne maîtrisais absolument pas. Cette fois-ci, j'avais peur de mourir en donnant la vie, j'en faisais des cauchemars.

J'avais l'impression que c'était réel… et en fait ça l'était ! Dans ma vie précédente et au même âge, j'avais perdu la vie en donnant naissance à ma deuxième fille. Cette mémoire s'était réveillée car le même scénario se rejouait et surtout plus ou moins au même âge.

Cela ne veut pas dire que j'allais mourir ainsi dans cette vie, cela venait simplement expliquer pourquoi cette peur se réveillait à ce moment précis !

Voici un autre exemple : une dame qui déclare une phobie de l'eau à quarante-cinq ans alors qu'elle aimait nager auparavant.

Cela ne lui est jamais arrivé avant car elle n'était pas dans l'âge correspondant à une noyade tragique vécue dans une autre vie.

L'âme a engrammé en elle toutes ses anciennes vies, aujourd'hui et encore plus avec ce livre dans vos mains, vous comprenez ce qui se passe, vous prenez conscience que vous n'êtes pas qu'un corps.

En fait, on pourrait comparer cette réactivation au fait de revivre la même sensation ou émotion au même moment mais pas dans la même vie… Le temps n'existe pas.

Je prends mon cas personnel encore une fois : chaque fois que je repasse à l'endroit où j'ai eu mon accident de voiture, je ressens en moi une émotion assez indescriptible. Elle refait surface chaque fois que j'emprunte cette route. Vous voyez de quoi je parle : je ne revis pas l'accident, je revis l'émotion du moment !

C'est en cela qu'une lecture d'âme dans les Annales Akashiques permet d'obtenir les informations, d'aller chercher l'origine de ce qui se passe dans notre vie actuelle et d'en comprendre le sens pour pouvoir créer une libération.

Parfois une simple prise de conscience suffira et parfois il faudra faire un travail de fond.

CHAPITRE 2

SE PRÉPARER

CRÉER LES BONNES CONDITIONS

Monter en vibration

Pour bien se préparer, il suffit de monter en vibration, cela nous permet de modifier notre état de conscience et de passer à un niveau de conscience supérieur. On se sent bien, en joie, on commence à contempler le bonheur, certaines douleurs peuvent s'atténuer.

Être dans une pensée positive constante nous permet de créer ce que nous pensons. C'est une pratique à cultiver à chaque instant. Tout ce que vous pensez, dites et faites, vous le manifestez et vous le créez dans votre vie. Tout ce que vous faites a des conséquences, que ce soit dans votre vie ou dans celle des autres… Nous vivons tous en interaction !

Il existe de nombreuses façons de monter en vibration, par exemple faire de la méditation, une promenade en pleine nature, lire un livre qui parle d'éveil, de développement personnel ou spirituel, écouter une musique qui nous fait bouger notre popotin, peindre, faire l'amour, observer un moment de silence, réaliser un soin énergétique, lire une carte d'un oracle, purifier ses chakras, créer un mandala, etc.

Pour ma part, si vous me connaissez depuis quelque temps, vous savez que j'aime parler avec les Guides et les Anges et que je reçois de nombreux enseignements et de conseils à suivre (voir « Les Guides », p. 67).

Il est impératif qu'avant un travail énergétique, nous montions en vibration afin d'être le plus aligné possible avec la Source universelle. Une fois que l'on a compris comment cela fonctionne et que monter en vibration est à la portée de chacun, il y a rarement de retour en arrière. Une fois que vous avez goûté au bonheur, à la paix intérieure et à la tranquillité de l'esprit, revenir dans un traintrain qui ne vous fait pas vibrer n'est pas facile à vivre.

Je compare souvent la montée en vibration à une espèce de spirale : on tourne à une certaine fréquence et plus on monte en vibration et plus la spirale s'accélère, c'est comme cela que l'on capte les Guides, les Anges et que l'on peut accéder aux portes des Annales Akashiques.

Vous pouvez ressentir différentes sensations. La plupart du temps, vous avez la sensation de tourner sur vous-même alors que vous ne bougez pas, ou d'avoir un léger tournis. Cela arrive fréquemment, surtout pendant une méditation.

Les Guides

Nous avons toutes et tous une équipe céleste qui travaille à nos côtés dans le monde invisible... Nous sommes entourés en permanence par tous ces êtres de lumière qui veillent sur nous.

Ils sont là pour nous orienter, nous guider, nous conseiller afin de nous aider à réaliser le pourquoi de notre venue sur terre. Nous pouvons faire appel à eux chaque fois que nous en ressentons le besoin, ils sont toujours là, plus nous faisons appel à eux, plus ils sont heureux de pouvoir nous aider[5].

Exercice

Vous pouvez ressentir la présence de vos Guides en faisant ce petit exercice, là, tout de suite : prenez cinq secondes pour vous détendre, fermez les yeux, puis tout simplement appelez vos Guides en répétant cette phrase :

« Mes Guides, venez à côté de moi et faites-moi sentir votre présence. »

Puis laissez quelques secondes...

Certains d'entre vous vont ressentir une douce chaleur, une légère brise, une caresse, ou encore une envie de

5. Pour en savoir plus sur vos Guides, je vous invite à lire mon livre *Se réaliser grâce aux anges*, Leduc, Paris, 2020.

> pleurer tellement on se sent bien à leurs côtés, ou une forte émotion… Vos Guides sont là, ici et maintenant, auprès de vous.

Leur rôle est essentiel dans les Annales Akashiques, car c'est eux qui vous délivreront des conseils à la fin de votre visite pour pouvoir entamer les changements nécessaires dans votre vie.

Je travaille avec les Guides en permanence, dans tout ce que j'entreprends, je fais toujours appel à eux, car ils sont bienveillants et sont d'excellent conseil. Vous pouvez aller dans vos Annales Akashiques de différentes façons, mais lorsque vous commencez à faire équipe avec vos Guides, à les appeler auprès de vous, cela change votre vie pour de bon ! Vous ne vous sentez plus seul, vous vous sentez accompagné, soulagé, entouré et aimé comme jamais auparavant ! C'est votre famille céleste, ne l'oubliez pas.

Ils vous amènent sur le chemin des Annales Akashiques, lorsque c'est le bon moment pour vous et qu'un certain travail d'ouverture d'esprit et de conscience a opéré. Ils ne sont pas là pour faire les choses à votre place ! Ils ne sont pas incarnés et ils ne sont pas vous. Par conséquent, ils ne peuvent pas intervenir tant que vous n'en faites pas la demande.

Lorsque votre demande est faite avec le cœur, dans la bienveillance et dans le respect, mais surtout que celle-ci ne concerne que vous, alors les Guides se mettent en chemin pour vous aider.

Ils attendent auprès de vous, et lorsque vous vous manifestez à eux, ils sont en joie et, à ce moment-là, ils se mettent en mouvement pour vous. Vous vous sentirez porté par une énergie différente et tellement plus lumineuse.

Ils vous guideront dans vos choix si vous le leur demandez, ils vous enverront alors des synchronicités, des signes qui seront la réponse. Ils connaissent votre libre arbitre, ils savent que vous pouvez choisir soit de les écouter et de prendre la bonne direction – ce que j'appelle prendre l'autoroute –, soit de ne pas les écouter.

Dans ce second cas, vous passerez tout simplement par d'autres étapes, bien souvent plus pénibles mais justes pour votre compréhension, pour vous retrouver quand même dans la bonne direction sauf que là, vous aurez pris les petits chemins de campagne ou les départementales.

Je me rappelle il y a quelques années, alors que mes Guides me conseillaient de me lancer, je procrastinais encore un peu, je dois l'avouer. Comme je ne les avais pas écoutés, ils m'envoyèrent un autre signe : ma voiture – plus exactement le boîtier de vitesse – me lâcha ! Je roulai plusieurs kilomètres en première jusqu'au garage… Pour résumer, je devais passer la seconde sur tous les plans. Le lendemain, j'ouvris mon cabinet…

Être ancré

On peut résumer le fait d'être bien ancré sur terre avec le fait d'être enraciné, c'est-à-dire d'entrer en connexion avec la terre et d'être centré, c'est-à-dire de se connecter à l'énergie du ciel, de l'Univers.

Tout le monde n'a pas conscience de cela, mais pratiquer l'ancrage est plus que nécessaire. Cela nous permet de garder notre énergie sans être trop impacté par l'énergie des autres.

Exercice

Tous les matins en se levant, c'est l'idéal, on commence par l'exercice de l'enracinement tel un arbre robuste.

Visualisez des racines qui partent de vos pieds et qui s'enfoncent au plus profond de la terre, vous vous sentirez plus stable. Vous pouvez réaliser l'exercice qui suit, dans votre jardin, pieds nus, si le temps vous le permet, vous verrez que l'intensité ne sera pas la même que si vous faites cela en pantoufles chez vous.

Lorsque dans votre journée vous vous sentez déstabilisé par quelque chose ou quelqu'un, n'hésitez pas à refaire votre enracinement. Écoutez-vous, cela est essentiel…

Le centrage quant à lui va nous permettre de nous connecter à l'Univers et d'en capter ses messages, d'établir plus facilement une communication avec l'autre côté du voile.

Exercice

Mettez-vous debout pour réaliser cet exercice d'ancrage.

Prenez trois bonnes inspirations, puis fermez les yeux, visualisez de belles et longues racines qui partent de vos pieds et qui vont s'enfoncer au plus profond de la terre. L'arbre robuste ne bouge pas son tronc pendant un orage ou une tempête, il reste bien stable. Sentez-vous relié à la terre.

Après l'enracinement, une fois que vous vous sentez relié à la terre, visualisez comme un rayon de lumière qui descend du ciel et qui entre au niveau du sommet de votre crâne (chakra couronne), faites descendre ce rayon de lumière le long de votre colonne vertébrale pour en ressortir par votre périnée (chakra racine), et terminez sa descente avec vos racines qui vont au plus profond de la terre, afin que vous soyez parfaitement relié avec la terre et le ciel.

Puis placez vos mains, paume l'une contre l'autre au niveau de votre poitrine (chakra du cœur), et remerciez pour votre journée, pour toutes les belles expériences que vous allez vivre.

Méditer

Pour méditer, se détendre, ouvrir notre conscience, il est d'abord indispensable de se poser un instant, de prendre du temps pour soi. L'idéal au tout début est de commencer par une dizaine de minutes si possible le matin et/ou le soir selon le rythme de vos journées. Asseyez-vous ou allongez-vous, faites trois bonnes respirations puis détendez-vous, toute méditation commence toujours par là.

L'erreur classique est de chercher à « faire taire » votre mental. N'essayez pas, c'est mission impossible ! Si votre mental travaille beaucoup et que vous lui demandez de se taire pendant dix minutes, il va revenir à la charge non-stop et la plupart du temps pour des futilités qui feront que vous arrêterez la méditation. Il aura gagné et le pire c'est que vous serez déçu de vous...

Depuis l'enfance, le mental enregistre nos peurs, nos croyances limitantes et selon comment on le laisse commander notre vie, lui dire stop est tout à fait impossible. Il est bourré d'automatismes.

Techniquement, le but n'est pas de le faire taire, ni de s'en faire un ennemi, mais d'en faire un allié. Le moyen le plus sûr pour cela, c'est de lui apprendre et donc de lui répéter des phrases ; ça, il sait faire !

L'idéal au début, surtout si vous avez un mental qui mouline et cogite beaucoup, c'est donc de trouver des méditations guidées – avec des affirmations positives à répéter[6]. L'intérêt de ces méditations, c'est que votre mental va rester là, à l'écoute et en plus il prendra du plaisir à réaliser cette méditation, car il va rester « focus », donc concentré sur les paroles qui sont répétées...

De même pour votre position, n'essayez pas tout de suite la position du Bouddha (avec les pieds qui touchent les cuisses opposées), chaque chose en son temps. Soyez toujours à l'écoute de votre corps, recherchez la position idéale pour vous (vous pouvez même méditer en étant assis dans un bon fauteuil). Au

6. Vous en trouverez plusieurs sur mon site : https://www.virginie-robert.com/les-bonus

mieux, vous ferez votre méditation, et dans le pire des scénarios, vous vous endormirez – dans les deux cas, vous serez détendu et reposé !

Une fois que vous vous sentirez prêt, c'est-à-dire que votre mental sera plus apaisé sans vous rappeler constamment votre liste de course, passez à des méditations où vous n'avez que de la musique en fond ; ensuite seulement, vous pourrez expérimenter la méditation sans fond sonore. Là encore, soyez toujours à l'écoute de votre corps. Il y a des jours où vous aurez besoin de la musique car votre mental sera plus présent que d'habitude ; surtout acceptez-le, c'est tout…

Exercice

Il y a une méditation que j'aime beaucoup faire lorsque mon mental est fort présent, c'est de répéter des mots en boucle, comme un mantra.

Lorsque j'ai besoin de relâcher les tensions aussi, je fais le petit exercice tout simple suivant.

En position assise, avec de la musique ou non – tout dépend de ce que vous faites –, prenez trois bonnes inspirations puis répétez sans cesse les mots suivants : Amour – Joie – Lumière – Paix – Sérénité.

Cela va vous apaiser en quelques secondes, vous pouvez continuer ce mantra en ajoutant d'autres mots POSITIFS…

J'aime ce petit exercice, car suivant ma journée, je ne vais pas utiliser les mêmes mots… J'utilise beaucoup le mantra suivant : Amour – Respirer – Jouer – Rire – Paix… Il est d'actualité !

LES ORACLES

Si vous souhaitez travailler sur vous, mais que vous n'êtes pas encore totalement à l'aise avec les Annales Akashiques, la lecture d'oracles peut vous aider à vous libérer de certains de vos schémas karmiques[7].

Cela peut être d'une aide précieuse au début d'un travail sur soi, car ces cartes vont créer en vous de nombreuses libérations mais également des réintégrations de connaissance et de sagesse enfouies jusqu'à aujourd'hui. Et cela toujours dans la bienveillance et le respect de chacun.

Par exemple, si vous choisissez la carte du rejet, c'est que vous avez cette blessure à travailler, le hasard n'existe pas ! Si vous tirez cette carte, c'est que c'est la première chose que vous devez travailler sur vous.

Je vous encourage vivement à noter dans un petit carnet la carte que vous avez tirée. Faites-le tous les jours, et au bout d'un mois, vous verrez déjà le cheminement du travail effectué. Les vibrations des illustrations créent, de même que la pensée, la parole... Nous créons ce que nous voulons dans notre vie.

Vous pouvez également effectuer différents tirages, même avec un jeu de cartes conseils, mais pour ma

7. À la demande de mes Guides, j'ai conçu un oracle de guérison de l'âme en allant dans mes Annales Akashiques : *Oracle guérison de l'âme*, illustrations d'Isabelle Lebœuf, Leduc, Paris, 2021. Le but de mes Guides était de me montrer qu'en regardant une illustration, des libérations peuvent se créer en nous.

part, je trouve que celui qui a le plus d'intérêt reste le tirage d'une seule carte où vous posez simplement cette question : « Que dois-je travailler aujourd'hui ? »

Respirer

La respiration est un acte vital pour nous tous, nous naissons en prenant notre première inspiration et nous mourons en poussant un dernier soupir ! Sans respiration, nous sommes morts !

Bien souvent, nous ne pensons pas à respirer, voire nous coupons notre souffle pour différentes raisons. Or, respirer en conscience provoque un état de détente absolu et de nombreux bienfaits en quelques secondes. Pour ce faire, il existe différentes techniques parfois très simples.

Exercice

La respiration en carré est une pratique simple et naturelle.

Chaque personne qui se sent fatiguée, stressée, angoissée, nerveuse devrait la pratiquer. Et même en temps normal, elle a tellement d'effets bénéfiques sur la santé et le bien-être que vous pouvez faire ce mini exercice quand vous en ressentez le besoin ou tout simplement parce que cela vous permet de faire une pause. Vous allez améliorer votre concentration, mieux dormir, mieux gérer vos émotions. Elle améliore aussi vos connexions avec l'Univers et vous fait monter en vibration.

Il s'agit d'une technique de relaxation en quatre temps : on inspire, on bloque notre souffle (rétention poumons pleins), on expire et on bloque de nouveau (rétention poumons vides).

L'idéal est de faire cet exercice avec une durée de cinq secondes sur les quatre temps.

Pour aller plus loin

Une respiration un peu plus intense, l'une des plus belles respirations que j'aie pu apprendre à faire, est la respiration Wim Hof, qui a d'énormes bienfaits et qui vous permet aussi de monter en vibration[8].

Soigner son alimentation

L'alimentation d'aujourd'hui est bien néfaste pour notre santé.

Prenez cinq secondes pour réfléchir à quelque chose de très simple : si vous deviez vous retrouver seul perdu en pleine nature pendant plusieurs jours, de quoi pourriez-vous vous nourrir ? Un steak et des frites avec une boisson gazeuse ? Du riz ou des pâtes ? Des lentilles ou des pois chiches ? Une soupe ? Un plat de haricots verts cuits ? Un fast food ?

Une fois que l'on a compris que la seule chose que l'on peut manger ce sont des fruits et certains légumes, que l'on ne peut

8. Pour la pratiquer, vous pouvez suivre les instructions de Jean-François Tual alias Icemind : https://www.youtube.com/channel/UCOuDf90-QXnryAo_PjQHnMw.

boire que de l'eau, on a plus ou moins compris de quoi a besoin notre corps.

Pourquoi ? Premièrement on peut cueillir les fruits, deuxièmement ils n'ont pas besoin d'être cuits, troisièmement ils n'ont pas été transformés et enfin, on peut semer leurs graines (toutes les graines ou pépins que vous avez dans un fruit donneront un arbre ou un arbuste si vous les enterrez, c'est à cela que l'on reconnaît ce qui est bon pour nous. Essayez de planter une frite, vous n'obtiendrez pas de pomme de terre !).

Un fruit a besoin du soleil, d'eau, de la terre et d'air pour arriver à maturation, il est plein d'énergie ! Il a besoin des quatre éléments pour faire de lui un bon fruit, de même que nous avons besoin de ces quatre éléments pour vivre ! Les fruits nous apportent tout ce dont nous avons besoin.

Privilégier les fruits et certains légumes et diminuer – voire supprimer – tout ce qui est animal dans notre alimentation permet de se sentir bien mieux. Car en en mangeant, nous nous remplissons de quelque chose de mort et non de quelque chose rempli d'énergie ; lorsque l'on fait cuire ses légumes à forte température, nous leur faisons perdre toute leur énergie également. Et je ne vous parle pas de tout ce qui est lié au gluten… Toute cette malbouffe nous fait perdre de l'énergie et crée de nombreuses maladies !

Cela ne vous empêche pas de manger un steak à l'occasion d'un barbecue chez des amis. Ne soyez juste pas frustré et ne culpabilisez surtout pas. Il existe aussi des jeûnes ou des monodiètes qui vous permettront de nettoyer votre corps.

Soyez toujours accompagné dans les changements alimentaires que vous souhaitez entreprendre.

CRÉER UN RITUEL

Au tout début de n'importe quel travail que vous voulez mettre en place dans votre vie, que ce soient des soins énergétiques, des guidances, des lectures de l'âme, je vous conseille vivement de créer un rituel, cela va vous permettre de lâcher prise et d'apprivoiser le mental.

Exercice

Pour commencer, créez votre endroit, même si c'est un petit bureau dans votre chambre. Décorez-le avec des choses que vous aimez.

Prenez des feuilles blanches et un crayon à papier.

Puis allumez un encens à la myrrhe, qui favorise la connexion avec l'autre côté du voile.

Mettez une musique des Anges, relaxante, avec un casque pour ne pas être dérangé par les bruits extérieur.

Installez-vous toujours à la même place (sur un fauteuil dans votre salon, par exemple) et toujours à la même heure.

> Faites votre méditation[9] en étant bien assis sur votre fauteuil ou votre chaise.
>
> Lorsque vous vous sentez monter en vibration, posez votre question et partez dans vos Annales Akashiques.
>
> Essayez aussi d'être régulier : tous les jours, prévoyez un créneau de 20 à 30 minutes, plus si vous avez besoin de méditer auparavant.

Sur « mon autel », j'ai mis une lampe en sélénite, la statue d'un Ange en train de lire un livre, une tasse que ma fille m'a offerte pour la fête des mères où se trouvent une plume d'aigle et une autre de faucon ainsi qu'un éventail chamanique, une grosse pointe d'améthyste, un quartz rose en forme de cœur et une druse avec, posée dessus, une merkaba en cristal de roche que ma mère m'a offerte il y a quelques années. Derrière moi se trouve une toile énergétique qui représente mon animal totem[10]. Dès que je ressens l'envie d'écrire ou que je dois travailler, je m'assois là et la canalisation est instantanée…

Au début, j'utilisais ce rituel une fois par semaine pour la lecture d'âme, le temps d'interpréter puis de mettre en application les conseils reçus. Après quelques mois, c'est devenu quotidien.

Il faut être bien conscient que pour travailler sur soi, il faut aller en profondeur ; ne faire qu'une séance énergétique nettoiera ce dont vous avez besoin sur l'instant, mais il faut aller en

9. Vous trouverez sur mon site en accès libre de nombreuses méditations pour monter en vibration : https://www.virginie-robert.com/les-bonus

10. Cette toile m'a été offerte par Isabelle Lebœuf, qui a créé toutes les illustrations pour mon *Oracle Guérison de l'Âme*.

profondeur et remuer la vase pour se libérer de nombreuses choses qui polluent votre énergie.

PRÉPARER SES QUESTIONS

Pour commencer, veillez donc à préparer votre voyage. Pour ce faire, il va falloir réfléchir à ce que vous allez demander avant d'entrer dans vos Annales Akashiques, de même qu'il ne faudra au début ne poser qu'une seule question, pour appliquer les conseils que vous aurez reçus à la suite de votre lecture d'âme. L'idéal est d'établir une liste de vos priorités à traiter.

La liste

Les Annales Akashiques sont un lieu magique et sacré. Nous n'y allons pas par simple curiosité, mais pour travailler sur notre cheminement intérieur.

Le premier travail consiste à établir une liste de tous les problèmes auxquels vous êtes confronté dans votre quotidien, que ce soit avec vos enfants, votre conjoint, au travail, etc.

Il est intéressant également de faire une liste de vos croyances limitantes. Si vous rencontrez toujours les mêmes types de personnes, par exemple, si vous avez rencontré un pervers narcissique et que vous en avez rencontré plus d'un dans votre vie...

Le plus important est de chercher ce que vous rencontrez comme situation ou comme problème au moment précis où vous lisez cette page car c'est là-dessus que vous allez agir avec les Annales Akashiques, le but étant de trouver une solution pour votre problème actuel et non pour quelque chose que vous avez traversé il y a dix ans par exemple. Cherchez à travailler sur votre moment présent pour être justement dans la meilleure version de vous-même.

Que souhaitez-vous résoudre comme problème ? Voulez-vous savoir l'origine de votre souci de santé ? Peut-être encore aimeriez-vous avoir des réponses sur votre parcours et votre chemin de vie, connaître votre mission de vie ?

Faites une liste avec toutes vos questions du moment, qui ne concernent que vous !

Les Annales Akashiques doivent servir en priorité à vous-même. Ne faites pas de demande pour votre fils ou votre fille, quand bien même ils sont ce qui vous cause du souci en ce moment.

Par ailleurs, votre demande doit être juste, c'est-à-dire que vous devez chercher avant tout à comprendre une situation ou à avoir des conseils pour vous sortir de cette situation.

Prenons un exemple : en ce moment, vous traversez une crise dans votre couple et vous cherchez désespérément une solution pour que tout s'arrange.

Une question du style « vais-je divorcer ? Vais-je trouver quelqu'un d'autre ? Vais-je me sortir financièrement de cette séparation ? » n'est pas juste car vous voulez connaître votre futur sans chercher à régler la situation. Il serait plus adéquat de poser comme question : « Que dois-je comprendre de cette situation ? » Ou bien encore : « Quel est le lien particulier qui nous unit encore aujourd'hui ? »

Récupérer un talent

Voyager dans nos Annales Akashiques permet de chercher des informations pour régler un problème, mais on peut aussi y récupérer un talent.

Pour ce faire, vous pouvez demander à vos Guides quels talents vous avez déjà eus ou, suivant vos projets et ce que vous mettez en place dans votre vie, etc., vous pouvez aussi leur demander si vous avez déjà vécu quelque chose de similaire.

Par exemple aujourd'hui, vous aimeriez vous lancer dans les soins énergétiques. Vous demandez à vos Guides si vous avez déjà vécu une ou plusieurs vies où vous réalisiez des soins. Puis en allant dans vos Annales Akashiques, vos Guides vous montrent une vie en Égypte. Vous pouvez leur demander de vous reconnecter à cette vie, pour en récupérer l'énergie, le savoir ou la connaissance.

C'est un champ des possibles très vaste car nous sommes tous de vieilles âmes, nous avons tous de nombreuses vies antérieures :

nous avons expérimenté déjà de nombreuses choses et nous pouvons récupérer toutes les expériences que nous avons faites.

Lorsque j'ai commencé à écrire mon premier livre, je me suis posé des tas de questions et j'ai demandé à mes Guides comment je pouvais résoudre ça. Ils m'ont répondu d'aller dans mes Annales Akashiques. Je m'y suis donc rendue avec ma question et j'ai vu une clé que j'avais déjà vue auparavant ; j'ai ainsi immédiatement compris que j'avais déjà écrit par le passé. En me retrouvant dans cette vie où l'écriture était chose facile pour moi, j'ai simplement demandé à me connecter au talent d'écriture que j'avais eu. Le conseil que j'avais reçu de mes Guides était de faire appel à l'Archange Gabriel car il aide les artistes pour leurs compositions et j'avais besoin d'aide sur comment structurer mon livre. Alors, dès que je commençais à écrire, j'appelais auprès de moi l'Archange Gabriel, je le ressentais tout de suite à sa douceur, à sa bienveillance et je me sentais guidée, puis je me connectais par le cœur au talent d'écriture... Aujourd'hui encore je travaille comme cela.

Kylian

« Je devais faire mon premier grand discours en public devant une cinquantaine de personnes, j'étais dans un état de nervosité absolu ! Pour ma part, ma symbolique est une baguette magique, cela a vibré en moi et je n'oublierai jamais ce qui s'est passé. Je me suis vu enseigner à des élèves, je parlais aisément, j'avais un vocabulaire impeccable, ma voix était posée... Je me suis alors reconnecté à cette vie et j'ai demandé de la force et du courage à l'Archange Michaël. Tout le monde m'a félicité pour mon discours et j'ai eu une promotion suite à cela. Aujourd'hui, je suis serein lorsque je dois m'exprimer devant de nombreuses personnes. »

Le pouvoir des mots

Il est important et impératif de bien choisir sa question avant d'aller dans ses Annales Akashiques.

Soyez clair, précis et concentrez-vous sur vous et votre situation actuelle.

Exercice

Si vous avez de nombreuses questions et que vous sentez que votre mental est bien présent, essayez le petit exercice ci-dessous.

Fermez les yeux puis prenez trois bonnes inspirations.

Posez vos mains sur votre chakra du cœur (au centre de votre poitrine).

Ensuite, demandez-vous ce qui est le plus important pour vous au moment même où vous effectuez cet exercice.

Laissez la réponse arriver…

Une fois la réponse obtenue, tournez votre question de façon claire, précise et positive.

Ainsi que je l'ai déjà évoqué, tout ce que vous pensez, dites et faites, vous le manifestez et vous le créez dans votre vie. Il est donc essentiel de parler de façon positive et harmonieuse car tous les mots ont une vibration et une résonance particulières… et c'est une véritable gymnastique du cerveau.

Évitez la formulation négative telle que « pourquoi je ne suis pas… », « pourquoi je n'ai pas… », « pourquoi je ne peux pas… ». Ces débuts de phrase montrent que vous vous concentrez sur le négatif, sur ce que vous n'avez pas, etc. C'est souvent l'égo qui parle à ce moment-là et, par conséquent, cela ne vous aidera pas à monter en vibration. De plus, en formulant ainsi, vous créez en vous le manque de quelque chose.

Voici quelques questions que vous pouvez poser pour démarrer en douceur :

- Quel est mon chemin de vie ?
- Comment développer mes facultés extrasensorielles ?
- Comment avancer aujourd'hui ?
- Quelle est la peur de mon enfant intérieur ?
- Quelles sont mes blessures intérieures ?
- Quel travail dois-je entreprendre sur moi-même pour avancer sur mon chemin ?
- Quels vœux ai-je pu passer dans mon passé ?
- Quels talents puis-je récupérer aujourd'hui ?
- Comment être heureux(se) ?
- Quel est le meilleur travail pour moi aujourd'hui ?
- Comment puis-je lâcher prise ?
- Que dois-je comprendre de cette maladie ?
- Comment retrouver la joie intérieure ?

- Quelle formation serait la plus adaptée à mon chemin de vie ?
- Que dois-je entreprendre pour mon évolution spirituelle ?
- Quelle est l'origine de mes problèmes de couple ?
- Quelle est l'origine de mes problèmes financiers ?
- D'où vient cette colère en moi ?
- Quelle ville serait la plus adaptée à ma situation actuelle ?

La question que je préfère et que je vous conseille vivement :

- Comment puis-je devenir la meilleure version de moi-même ?

La phrase correctement fausse

« Pourquoi suis-je malade ? », « qu'est-ce qui m'empêche de… », « qu'est-ce qui me bloque… ». Ces phrases sont claires, précises et positives, pourtant elles ne sont pas bonnes.

Dans « pourquoi suis-je malade ? », vous vous identifiez à la maladie, et en faisant cela, vous l'ancrez en vous de façon tout à fait inconsciente. « Pourquoi j'ai la maladie de… » n'est pas correct non plus, car cela signifie que vous vous êtes approprié cette maladie.

Par conséquent, si votre souhait est de guérir, vous risquez de ne pas trouver les réponses dans vos Annales Akashiques, car plus vous accorderez de l'importance à la maladie, plus vous la manifesterez. Si vous donnez plutôt de l'importance à la guérison, alors vous serez amené sur cette voie ; préférez la question : « Comment puis-je guérir de la maladie de… »

De même, la question « qu'est-ce qui me bloque dans ma vie ? » vous bloque dans la vie rien qu'en étant prononcée, puisque vous pensez que quelque chose vous bloque ! Préférez-lui la question : « Comment est-ce que je peux avancer dans ma vie ? »

Vos propres mots résonnent en vous, vous créez ce que vous pensez et dites…

Il y a donc des mots qu'il faut supprimer de votre vocabulaire, tels que : « empêcher », « bloquer », « envoûter », « ensorceler », « fermer »…

CHAPITRE 3

ALLER DANS SES ANNALES AKASHIQUES

Avant de faire ce magnifique voyage, je tiens à vous mettre en garde contre une chose qui arrive fréquemment, c'est la création d'une dette karmique (voir « Le karma négatif », p. 21) : encore une fois, il vous faut en premier travailler sur vous et explorer vos propres Annales Akashiques avant d'aller explorer celles des autres, afin de régler et de comprendre ce qui se passe dans votre vie.

Ne cherchez pas non plus à aller dans les Annales Akashiques de votre enfant. Même si vous êtes responsable de lui et dans une démarche bien attentionnée, je ne le recommande pas.

Vous pouvez cependant explorer votre lien avec lui en allant dans vos propres Annales Akashiques.

D'une manière générale, vous ne pouvez pas vous rendre dans les Annales Akashiques d'une personne si celle-ci ne vous a rien demandé. C'est comme si vous rentriez par effraction chez elle, ou dans son intimité ! Inconsciemment ou consciemment, vous cherchez à prendre le pouvoir sur l'autre et ça, l'Univers n'aime pas...

Non seulement il ne vous laissera pas faire mais en plus vous vous exposez à un retour de manivelle, qui se manifestera dans cette vie voire dans les prochaines si vous n'avez pas compris la leçon.

Toute demande doit être faite avec le cœur, on ne cherche pas à améliorer la santé ou le comportement de quelqu'un sans que ce soit lui qui en fasse la demande.

Personne n'a le droit de prendre le pouvoir de l'autre !

ACCÉDER À VOS ANNALES AKASHIQUES

Pour certaines personnes, l'accès aux Annales Akashiques se fait à tout moment de la journée, mais pour la plupart d'entre nous, il va falloir monter en vibration.

Ainsi que j'en ai déjà parlé (voir « Créer les bonnes conditions », p. 65), l'ancrage et le centrage sont les techniques les plus importantes pour monter en vibration mais surtout pour être en accord avec le plan divin.

Lorsque vous vous ancrez, vous êtes alors relié à la terre, le centrage vous permet d'être relié au ciel, à l'Univers et, comme son nom l'indique, vous êtes alors au centre de la terre et du ciel, votre canal est alors ouvert.

Lorsque vous serez assez monté en vibration et que vous accéderez à vos Annales Akashiques, vous ressentirez une forte chaleur et/ou une sensation de bien-être. Dans les Annales Akashiques, il n'y a aucune sensation de froid ni de frissons. On se retrouve auprès de la Source, c'est donc quelque chose de chaleureux, de lumineux, de très solaire.

La visualisation des portes

La première étape consiste à visualiser la ou les portes d'une bibliothèque : c'est de cette manière que vous allez déclencher l'ouverture de vos Annales Akashiques.

Différentes images peuvent s'imposer à vous : une simple porte en bois, un portail en métal, des portes western, style baroque…

Les portes ne sont même pas toujours des portes ! En plein stage, un homme m'a dit un jour : « C'est bizarre, chaque fois que je veux voir des portes, on me montre une cascade, dans laquelle j'ai envie de plonger. » Il s'est laissé tenter et a plongé dans la cascade. C'était sa façon à lui de plonger dans ses Annales Akashiques. Une autre fois, une dame a vu une porte sur un arbre, comme si elle devait entrer dans l'arbre ; elle s'est laissé porter et est entrée dans son arbre !

Quelle que soit la forme que revêt votre porte, faites-vous confiance.

On accède toujours de la même façon à nos Annales Akashiques et l'on verra toujours les mêmes portes, car ce sont *nos* portes.

Kathia

« La première fois que j'ai visualisé les portes, j'ai vu comme une porte d'entrée, avec une vitre sur un côté. J'ai alors regardé ce qui se passait de l'autre côté et je ne voyais que de la lumière blanche, mais un blanc que nous ne connaissons pas. Cette notion de pureté revenait sans cesse dans ma tête également. »

L'épreuve des gardiens

Une fois devant vos portes, vous allez vous retrouver nez à nez avec les gardiens des lieux. Eux aussi peuvent prendre différentes formes, comme des gardes, des représentants des forces de l'ordre, des chevaliers…

Les gardiens sont les seuls qui décident de vous laisser entrer, s'ils estiment que votre demande est pure, bienveillante et lumineuse, si vous cherchez réellement à comprendre votre chemin ou votre mission de vie et pourquoi vous traversez tel obstacle en ce moment.

Cependant, si votre désir est de savoir si vous avez été Jésus ou Victor Hugo dans une vie passée et de satisfaire votre petit égo personnel, ou bien d'explorer les Annales Akashiques d'une autre personne pour prendre l'emprise sur celle-ci, non seulement vous n'y accéderez pas mais l'Univers se jouera de vous en vous faisant penser que vous êtes un maître spirituel. Le risque est que vous passiez à côté de votre véritable mission et que vous vous enfermiez dans ce personnage que vous n'avez pas été.

Les gardiens peuvent aussi vous refuser l'accès si vous avez la moindre crainte, si inconsciemment ou consciemment vous avez peur de voir que vous avez été une très mauvaise personne dans une autre vie pour vous ou pour les autres.

Julia

« Lorsque je me retrouve devant les gardiens, je les vois toujours portant une armure. Cela m'a fait bizarre la première fois. »

Fanny

« Je vois les gardiens comme des vikings, ils en imposent… »

Il y a aussi la notion de timing à respecter : il arrive que ça ne soit pas le bon moment pour vous d'aller dans les Annales Akashiques. Si vous êtes trop impatient, ou trop dans l'attente de quelque chose, ou que vous êtes sûr à 100 % que vous avez la réponse et que vous voulez juste une confirmation, il y a de fortes chances que votre entrée ne se fasse pas là non plus…

Mais avec l'Univers, tout arrive toujours au bon moment ! De même qu'il aime nous tester pour savoir si nous avons appris la leçon…

Claude

« Une fois arrivée devant les portes, je pleurais tellement l'émotion était forte et intense, puis je suis restée là un moment et suis repartie. Je sentais que ce n'était pas le moment, je devais simplement expérimenter l'accès mais pas encore l'accès à mon livre. »

Lors de votre premier essai, si rien ne se passe, soyez juste OK avec ça, sans être dans le jugement. Remerciez les gardiens et revenez plus tard.

Efforcez-vous alors de résister à votre mental, qui risque de trouver tout un tas de choses dévalorisantes : « je ne vais pas y arriver », « ce n'est pas pour moi », « de tout façon, je suis sûr que ça ne va pas fonctionner », etc.

Contredire notre mental n'est pas chose facile. Et pourtant… Laissez passer quelques jours, semaines ou mois, puis faites une nouvelle tentative.

Si vous êtes en train de lire ces pages, si vous êtes prêt à travailler sur vous, à aller vers votre cheminement spirituel, c'est qu'une part de vous est déjà prête à y entrer… Soyez juste en joie pour cela.

À noter, il arrive parfois que vos portes soient déjà ouvertes car vous vous êtes déjà rendu dans vos Annales Akashiques sans en avoir conscience. Dans ce cas, vous n'apercevrez aucun gardien et vous pourrez directement aller chercher les informations qui vous intéressent dès que vous en ressentirez le besoin.

L'entrée

Lorsque les gardiens vous laissent entrer, la première chose que vous voyez c'est un blanc très lumineux, avec des motifs aux reliefs dorés. Vos Guides sont toujours à vos côtés.

Lorsque nous entrons, la plupart d'entre nous voyons un immense couloir complètement blanc, dans lequel on peut trouver plusieurs portes, un escalier, ou voir des images défiler à toute vitesse, comme si nous avions le choix entre plusieurs séries à la télévision et que nous les faisions défiler rapidement jusqu'à trouver le bon programme. Les images défilent jusqu'à ce qu'une image attire notre attention, nous sommes aspirés par ce que nous voyons. D'autres personnes voient de grandes colonnes, du marbre au sol, etc.

Là encore, l'éventail des visions est large, donc ne restez pas fixé sur une image ou une pensée, car vous pourriez passer à côté de votre accès si vous êtes dans le contrôle !

Écoutez-vous et voyez ce que vous ressentez... Vous trouverez ainsi votre vérité, car chacun a la sienne, ne l'oubliez pas. Ce que vous voyez, vous seul le voyez, personne d'autre.

Mireille

« "Éblouissant" est le terme qui m'est venu lorsque je suis allée dans mes Annales pour la première fois. Un blanc d'une intensité que je n'avais jamais vue auparavant et du doré de temps à autre, voilà ce que j'ai vu. »

Le déroulement

Lorsque vous voyagez dans vos Annales Akashiques, il est possible que vous assistiez aux scènes qui se déroulent devant vos yeux un peu comme si vous étiez un spectateur dans une salle de cinéma ; il est possible également que vous les viviez pleinement et en ressentiez toutes les émotions. Quoi qu'il en soit, vous restez conscient de ce qui se passe autour de vous dans la pièce où vous vous trouvez « physiquement ».

Un voyage ne dure en général pas plus de quelques minutes, même si, comme dans un rêve, vous pouvez avoir l'impression que c'est bien plus long.

Vous allez vous retrouver à des époques, dans des lieux et sous des identités différentes, et assister à des scènes qui vous indiquent qui et ce que vous avez été dans une ou dans des vies passées, qui vont vous permettre d'en apprendre plus sur vous-même et votre chemin de vie[11].

11. Vous trouverez en annexe un récit de la manière dont se sont déroulées mes premières visites dans mes Annales Akashiques.

Si votre question parle de la blessure d'abandon, vous pourriez être projeté dans une scène où vous êtes une petite fille abandonnée à la naissance par sa mère. Ou bien votre mère pourrait perdre la vie en vous donnant naissance.

Si votre question porte sur votre mission de vie, vous pourriez vous voir en druide dans une forêt, en train de préparer vos petites potions magiques, cela vous indiquerait qu'aujourd'hui il vous faudrait vous concentrer sur les huiles, les plantes, créer vous-même vos huiles essentielles, par exemple.

C'est un enseignant – qui peut revêtir des apparences très variées – qui vous amène votre livre. Vous ne lui posez pas votre question, vous n'échangez même pas avec lui, mais il est le détenteur du savoir sur vous-même et vous y donne accès en vous remettant le livre.

Cindy

« Lorsque je me suis retrouvée avec cet enseignant, j'ai ressenti en moi une profonde sagesse, tout était extrêmement lumineux, cela m'a de suite apaisée. Je me sentais réconfortée dans ma démarche, ce fut intense. »

Là encore, il se peut que votre livre soit directement dans vos mains, ne soyez pas surpris si tel est le cas. N'oubliez jamais que nous sommes tous différents et que chaque lecture d'âme est différente. Vivez ce moment magique sans vous poser de questions.

Une fois votre livre entre vos mains, remerciez l'enseignant, posez votre question puis ouvrez le livre.

Laissez-vous aller et voyez ce qui se manifeste à vous : des images, des sons, des sensations dans votre corps, un mini-film qui vous est projeté... Tout dépend de votre canal dominant (voir « Vos capacités extrasensorielles », p. 104).

Notez tout ce qui vous vient, écrivez sur le moment et par la suite tous les détails même les plus insignifiants, même si cela vous paraît complètement bizarre ou ubuesque.

N'essayez pas d'analyser ce qui vient ou de l'intellectualiser, cela ne sert à rien et en plus vous pourriez passer à côté des informations véritablement intéressantes.

Là encore, soyez à l'écoute, ne soyez pas dans l'attente de quoi que ce soit et encore moins d'une réponse en particulier parce que celle-ci vous arrange... Il faut être honnête avec soi-même.

Les Annales Akashiques ne mentent pas, elles vous révèleront ce que vous devez savoir et vous donneront surtout les conseils qu'il vous faudra mettre en application si vous voulez que les choses changent et évoluent.

Si certaines choses ne vous semblent pas claires et que vous aimeriez avoir d'autres précisions, vous pouvez poser des sous-questions, c'est-à-dire des questions dans la lignée de celle que vous avez posée initialement.

Tina

« La première fois que je suis allée consulter mon livre, je me suis sentie comme projetée dans un vieux western où j'assistai à une scène. Les images défilaient. Il y avait un shérif à cheval qui poursuivait des voleurs et j'étais émerveillée de voir à quel point ce qu'on me montrait résonnait en moi, j'avais fait un rêve similaire il y a quelques années de cela. Dans cette vie, je profite de mes temps libres pour monter à cheval et je suis gardien de la paix. J'ai compris que c'était moi le shérif et j'ai fondu en larmes, car ma question était : "Quel est mon chemin de vie ?" »

La page vierge

Il arrive que l'on ne voie rien dans le livre. Il y a toujours une bonne raison à cela, voici les plus fréquentes :

- la question n'est pas correctement posée (voir « Le pouvoir des mots, p. 84) ;
- vous n'êtes pas prêt à entendre ou à voir les raisons de ce qui vous arrive.

Dans ce second cas, sachez que les Guides ne trichent pas ; comme je le dis souvent : les Guides ne nous caressent pas dans le sens du poil, bien au contraire ! Oui, ils sont bienveillance et amour, mais ce qu'ils nous délivrent est toujours juste et ils ne vont pas dans notre sens pour nous faire plaisir.

Prenons un exemple, vous souhaitez savoir si votre couple va durer car vous traversez un moment pénible… Quelle serait votre réaction si vous saviez que Monsieur ou Madame allait partir d'ici deux mois ? D'une part vous pourriez quitter la personne avant, dans le but de ne pas être quitté, d'autre part vous pourriez être anéanti par cette nouvelle, surtout si vous pensez que vous êtes avec la personne idéale !

Une lecture d'âme n'est pas une consultation de voyance !

Ne cherchez pas à savoir votre futur, car celui-ci est en perpétuel mouvement. Cherchez plutôt à savoir pourquoi cela ne va pas avec Monsieur ou Madame... Et changez votre vision à vous !

Et si vous souhaitez quitter Monsieur ou Madame, qu'est-ce qui vous en empêche ?!

La réponse sera vous, par vos peurs, vos croyances, vous ne cherchez pas à vous écouter à ce moment-là ! Et c'est la pire chose qui soit, car en restant, vous vous mentez à vous-même et par conséquent vous mentez à l'autre, ainsi qu'aux autres, en portant un masque.

Suivant les réactions qu'une réponse va engendrer chez vous, les Guides préfèreront la page vierge afin de vous protéger...

Il est possible :

- que l'on ne se sente pas assez lumineux. Aller pour la première fois dans nos Annales Akashiques peut être un peu intimidant, donc il y a parfois une peur de ne pas être à la hauteur, de ne pas être digne d'y accéder... ;

- que l'on ait peur de voir quelque chose de mauvais, de découvrir l'on est mort de façon tragique… Et comme une partie de nous ne veut pas y aller, l'accès ne se fait pas ;
- que notre demande ne soit pas faite dans le cœur mais dans l'égo !

Valérie

« Il m'était impossible d'accéder à mes Annales Akashiques au début. Puis j'ai pris conscience que j'avais peur de voir que j'avais fait du mal aux gens que j'aimais… J'ai préféré faire une séance et maintenant j'y arrive seule. »

Alors, remerciez-les. Puis recommencez plus tard… Il ne s'agit pas là d'un échec. Bien au contraire, cela vous fait juste comprendre qu'il faut travailler davantage sur vous, analyser vos peurs, réévaluer vos questions, quelle est votre démarche véritable…

Refermer ses portes

Lorsque vous entrez dans vos Annales Akashiques, vous vous sentez comme à la maison, merveilleusement entouré et parfois on n'a pas envie de quitter ce lieu…

C'est tout à fait compréhensible : quand on se sent bien quelque part, on a rarement envie de bouger ou de revenir à son train-train. Mais ne vous inquiétez pas, vos Guides vous ramènent automatiquement.

Une fois que vous avez réussi à franchir vos portes, que vous avez vu votre livre et que vous avez reçu l'enseignement que vous souhaitiez, vous allez revenir ici et maintenant de façon quasi instantanée.

Vous pouvez alors décider de refermer vos portes ou de les laisser ouvertes car vous seul y avez l'accès. Par la suite, si vous décidez de consulter un thérapeute spécialisé en lecture d'âme, il pourra y accéder car il aura votre accord !

LES THÉRAPEUTES EN LECTURE D'ÂME

Il existe de nombreux thérapeutes en lecture d'âme... mais pas d'annuaire de bons thérapeutes.

Pour en choisir un, armez-vous d'abord de patience : les thérapeutes aguerris sont souvent très sollicités, et il est possible que vous ayez à attendre plusieurs mois pour avoir un rendez-vous – cela est déjà un gage de sécurité.

Et surtout, fiez-vous à votre intuition ; avant chaque étape, je vous encourage vivement à vous poser cinq secondes, en prenant trois bonnes inspirations : posez vos mains sur votre cœur, puis demandez-vous si la lecture d'âme est la plus juste pour vous, si c'est le bon thérapeute et voyez si cela vibre en vous. Si cela vibre et résonne, alors suivez votre intuition.

Le but d'une lecture d'âme est de vous aider dans votre cheminement spirituel, d'éveiller votre conscience... et surtout de vous faire AVANCER !

Soyez à l'écoute de vos ressentis, fiez-vous à votre intuition lorsque vous souhaitez consulter un thérapeute pour une lecture d'âme. Cela doit être un moment magique et de partage dans la bienveillance, vous devez ressortir de votre séance en étant heureux et en ayant appris des choses qui vous mettent ou remettent sur votre chemin de lumière.

Il est inconcevable qu'un thérapeute prenne le pouvoir sur vous, en vous conseillant plusieurs séances de libérations à la suite, ou vous détruise émotionnellement ! Un bon thérapeute en lecture d'âme ou des Annales Akashiques ne vous dévoilera ainsi jamais que vous avez été le mal incarné, un pyromane ou un violeur d'enfant...

Si cela arrive[12], surtout FUYEZ !

12. Un homme qui était venu me consulter car il voulait sauver son couple était dans un état émotionnel catastrophique : d'après un prétendu thérapeute, il avait dans une autre vie brûlé et violé des enfants – dont les siens – et c'était pour cette raison que sa femme n'arrivait pas à avoir d'enfants de lui dans cette vie ! Mais quelle horreur, comment peut-on dire ce genre de chose à quelqu'un ? Et surtout lorsque l'on prétend travailler avec les Guides et les Anges ?!

RECEVOIR ET INTERPRÉTER LES INFORMATIONS REÇUES

Vos capacités extrasensorielles

Lorsque vous vous reliez à votre Akash, l'information va arriver par votre chakra couronne, celui qui se situe au sommet de votre tête, puis l'information reçue va être traitée et traduite au fur et à mesure par des images, des flashs, des mini-films, des symboles, des paroles, voire des ressentis physiques en fonction de vos capacités extrasensorielles.

Si ce sont des flashs ou de petits films qui se présentent, c'est que votre canal dominant est la clairvoyance, si vous entendez mais que vous ne voyez rien par exemple, c'est que votre canal dominant est la clairaudience, etc.

Voici comment savoir quel canal est le plus développé chez vous :

- Arrivez-vous à visualiser les choses rapidement ?
- Est-ce que vous mémorisez les choses en les regardant ?
- Faites-vous des rêves prémonitoires ?
- Avez-vous des visions ou des flashs ?

Si vous avez répondu oui à plusieurs questions, c'est que vous avez déjà développé la clairvoyance.

La clairvoyance, c'est la capacité à recevoir et à lire des informations intuitives sous forme d'images, de symboles, de petits films, des rêves, des prémonitions, des flashs, ce sont des visions. C'est comme si vous regardiez un mini-film mais dans votre tête. Attention, on ne voit pas avec ses yeux comme on voit un papillon dans son jardin, c'est comme une projection qui s'établit.

- Entendez-vous des bruits ou autres que les autres ne captent pas ?
- Est-ce que le brouhaha collectif vous dérange et vous donne mal à la tête ?
- Avez-vous tendance à discuter avec vous-même en vous faisant les questions et les réponses ?

Si vous avez répondu oui à plusieurs questions, c'est que vous avez déjà développé la clairaudience.

La clairaudience est la capacité à recevoir les messages inaudibles pour les autres de la part du monde invisible ou de votre âme. La plupart du temps, une personne qui est clairaudiente a du mal avec le bruit, parfois vous entendez des choses que les autres n'entendent pas. Pour ma part, j'arrive à entendre le bruit de mon imprimante lorsqu'elle est en wifi, elle émet une onde qui me dérange profondément, voire m'empêche de dormir si elle se trouve dans ma chambre. Cela fait rire mon mari, mais pas moi ! Si vous faites une longue réunion où tout le monde parle, vous avez besoin de temps pour vous remettre de tout ce brouhaha ! Vous avez besoin de calme, d'une musique douce ou d'une lumière tamisée, voire de vous mettre dans le noir complet pour récupérer. Si ça vous correspond, alors vous êtes principalement clairaudient !

Il faut savoir que pour la clairaudience on n'entend pas avec ses oreilles, mais que cela vient sous forme de pensée dans votre tête.

– Êtes-vous sensible aux personnes autour de vous et à votre environnement ?
– Est-ce qu'on a tendance à vous dire que vous êtes trop sensible ?
– Avez-vous besoin de calme et de moment de solitude pour vous ressourcer ou simplement pour vous retrouver avec vous-même ?
– Ressentez-vous l'énergie d'une pièce ou d'un lieu ?

Si vous avez répondu plusieurs fois oui, alors vous avez développé en vous ce qu'on appelle la clairsentience.

La clairsentience, c'est la capacité à ressentir dans son propre corps l'énergie ou l'émotion d'une autre personne. Vous pouvez capter l'émotion de votre amie qui vous parle et que vous ne sentez pas bien, vous pouvez en allant chez une personne ou en visitant un lieu ressentir une bonne énergie, ou une moins bonne et vous aspirez juste à sortir… Être quelqu'un de sensible ou d'hypersensible ne doit pas être vécu comme un fardeau, bien au contraire c'est un véritable cadeau de la vie.

– Avez-vous des idées ou des solutions à un problème de façon spontanée ?
– Aimez-vous l'ordre, la propreté, la logique ?
– Lisez-vous énormément ?

– Aimez-vous apprendre ?
– Retenez-vous les choses facilement ?

Si vous avez répondu oui à plusieurs questions, alors vous avez développé la claircognizance…

La claircognizance ou le clair savoir, c'est la capacité à savoir des choses ! Vous avez l'intuition de, vous savez que… Elle est bien plus rare que les trois autres capacités. Vous recevez des informations directement dans votre tête, cela ne passe pas par les ressentis de votre corps, nous ne voyez pas, vous n'entendez pas, vous savez un point c'est tout ! Et ce savoir n'émet pas forcément un état émotionnel.

Quelle que soit la capacité que vous avez déjà commencé à développer au fil du temps, vous pouvez en développer plusieurs, voire toutes. Sachez simplement qu'elles sont déjà toutes présentes en vous, il vous suffit de les travailler au quotidien pour les réveiller et les développer.

Déchiffrer les informations reçues

Vous allez recevoir différentes informations, comme :

– des couleurs, peut être en lien avec vos chakras à harmoniser ;
– des personnages avec leurs vêtements, leurs métiers, leurs talents, ce qui pourra vous révéler votre âge (vous avez pu

être un homme âgé comme une fillette de quatre ans), votre classe sociale, l'époque, ;
- les paysages, les lieux, pour vous situer dans le monde.

Ce sont des informations qui peuvent s'avérer intéressantes par rapport à votre vie actuelle, peut être avez-vous le même âge, peut être que vous vivez dans le même pays, ou que vous rêvez d'aller dans celui que vous venez de voir, etc.

Il est possible que les mêmes images vous soient montrées lors de plusieurs voyages dans vos Annales, tant que vous n'avez pas compris ou que la situation n'a pas changé, par exemple.

Vous seul pourrez établir l'interprétation de ce que vous avez vu ou ressenti car cela correspondra à votre vérité du moment. L'interprétation que vous en ferez sera le reflet de votre éveil et de vos prises de conscience.

QUELQUES SYMBOLIQUES

Je vous délivre ici quelques exemples de symboliques qui pourront peut-être vous aider au tout début. S'ils ne correspondent pas à votre vérité, si vous ressentez une autre signification, suivez votre intuition.

- Prêtre, frère, église = vœux de pauvreté.
- Moine, nonne = vœux de célibat, de solitude.
- Bonne sœur = vœux de chasteté.

- Esclave = personne qui subit la vie au lieu de la vivre.
- Arbre = le transgénérationnel (les racines).
- Œil = faculté médiumnique.
- Mains en or = mission de vie d'aider avec les mains.
- Les pinceaux = développer ses capacités artistiques (tous les domaines).
- Pièces de monnaie = plusieurs problèmes financiers.
- Des anneaux entremêlés = lien karmique.
- Sorcière / Chaman = récupérer son lien avec la nature (mission de vie).
- Un toboggan = le refus de l'incarnation.
- Un bébé = travailler son enfant intérieur.

Votre interprétation doit vous faire vibrer, pleurer, vous mettre en joie de l'intérieur au niveau de votre cœur, non au niveau de votre tête. Si vous interprétez avec votre mental, il cherchera des choses qui gonfleront votre égo en rejetant potentiellement la faute sur autrui ! Là encore, il vous faudra être honnête avec vous-même.

Souvent, lorsque je raconte à la personne qui me consulte ce que j'ai obtenu comme informations, elle sent que cela résonne en elle, elle le vibre, cela se ressent dans son cœur et dans son corps tout entier, parfois cela la fait pleurer, elle sait que par conséquent c'est la réponse à sa question. Et là, il y a une libération qui vient de se créer !

Dominique

« Lorsque j'ai reçu certaines informations concernant mes origines, je me suis effondré au téléphone, et d'un coup j'ai senti une vibration intense me traverser, c'est comme si je m'étais reconnecté à mes ancêtres, à mes origines, ce fut puissant. Depuis, je me sens tellement léger, je sais qu'il y a eu une libération mais aussi une reconnexion qui se sont faites pendant cette lecture d'âme. »

Les conseils de vos Guides

Il arrive parfois que vous n'ayez pas besoin de remonter à l'origine du problème que vous rencontrez, car cela n'a pas d'importance de le savoir. Par exemple, vous avez fait une fausse couche et vous voulez savoir pourquoi cela vous est arrivé. Les Guides ne vous donneront pas d'informations, car vous n'avez pas besoin de savoir pourquoi, vous avez juste besoin de vous reconstruire. À ce moment-là, vous ne recevrez que les conseils de vos Guides qui vous orienteront vers la meilleure façon de changer les choses pour que tout se passe bien la prochaine fois.

Prenez en compte les précieux conseils que vous recevrez même si ceux-ci vous paraissent parfois très simples. Ils ne vous conseilleront jamais des choses complexes ou trop dures à réaliser.

Si vous recevez le conseil qu'il faut arrêter de manger de la viande, pour reprendre un des exemples que j'utilise dans ce livre, si vous vous sentez prêt à la supprimer tout de suite, alors c'est super. Si ce n'est pas le cas, entamez le processus en supprimant certains types de viande, puis réduisez votre consommation à deux ou trois par semaine plutôt que tous les jours et ainsi de suite jusqu'à la supprimer définitivement. Allez-y progressivement.

Un autre conseil très simple également, parfois donné par les Guides, c'est de méditer. Si vous chercher à aller mieux, à vous détendre, à gérer votre stress, etc., les Guides peuvent vous conseiller simplement de méditer. À vous de prendre ce conseil et de commencer à l'appliquer. Même si celui-ci vous paraît trop banal ou trop simple, cela reste leur conseil, c'est donc la meilleure technique pour arriver à votre détente ou à votre mieux-être.

Soyez certains que les Guides ne se trompent pas dans les conseils qu'ils vous donnent, ceux-ci sont bien pour vous !

Si toutefois vous ne captez pas de message au moment de votre lecture d'âme, accueillez les synchronicités qui se présentent à vous dans les heures ou jours qui suivent, telles que les heures miroirs, une rencontre non prévue, une émission à la télévision qui porte sur un sujet précis qui répond à votre questionnement, etc. De même qu'une idée qui surgit « de nulle part », elle provient toujours de vos Guides !

Andréa

« J'avais reçu comme conseil de mes Guides que je devais me lancer dans ma nouvelle activité. J'étais très surprise car je ne me sentais pas prête ! Le lendemain matin, je reçois l'appel d'une amie, on discute ensemble de tout et de rien puis, au moment de raccrocher, elle me dit : "Au fait, je cherche quelqu'un avec qui je pourrais partager un local, si jamais tu connais quelqu'un…" J'ai crié "MOI" tellement fort qu'elle a éclaté de rire ! C'est comme si ce n'était pas moi qui avais répondu… »

Les signes

Là encore, ne soyez pas dans l'attente de quoi que ce soit : plus vous serez dans l'attente d'un signe en particulier ou de ressentir quelque chose de bien précis, plus vous risquez de passer à côté de ce qui est réellement là…

Certaines personnes me disent « j'aimerais tellement avoir un signe très net », tel qu'un éléphant au milieu de la route… Ce n'est jamais le cas ! Les signes sont subtils.

Vous est-il déjà arrivé d'avoir l'impression que vous traversez une toile d'araignée au niveau de votre visage, alors qu'il n'y a rien ? Un simple frôlement, une légère brise alors qu'il n'y a pas de vent, la sensation d'une caresse sur votre visage ou votre genou, la sensation que quelqu'un s'appuie sur votre épaule… sont autant de signes. Vous les percevez mais leur trouvez toujours une explication rationnelle !

Soyez dans la légèreté du moment magique que vous vivez…

Un autre signe que j'aime beaucoup, ce sont les heures miroirs ! Nous en voyons tous au moins une par jour quasiment… Je déconseille d'aller voir sur Internet, vous risquez de vous méprendre sur leur signification ! Il s'agit simplement d'un petit clin d'œil de vos Guides pour dire qu'ils sont bien là auprès de vous… Arrêtez de chercher des réponses là où il n'y en a pas : c'est le mental qui s'interpose pour rationaliser les choses… Pensez « légèreté », c'est tout.

SE METTRE EN ACTION !

Après un voyage dans vos Annales Akashiques, l'étape suivante est de se mettre en action : si lors d'une lecture les Guides vous montrent des mains en or, c'est signe que vous avez pour mission d'aider les autres avec vos mains ; après quoi, à vous de trouver la formation qui vous convient et vous fait vibrer ! Les Guides ne vous diront jamais « c'est cette thérapie que tu dois faire » ! Ils vous laissent le choix de trouver celle qui résonne le plus à l'intérieur de vous. À vous d'entreprendre des démarches, de vous inscrire, de vous former et de vous lancer…

Car vous seul pouvez entreprendre les conseils qui vous ont été donnés.

De même dans le chapitre qui arrive, j'aborde différentes libérations que vous seul choisirez de faire ou non, car vous avez toujours le choix…

Souhaitez-vous avancer sur votre chemin en le rendant plus simple, plus lumineux et plus léger ? Vous y arriverez, j'en suis convaincue, alors passons à l'action avec le chapitre suivant.

CHAPITRE 4

SE LIBÉRER POUR MIEUX NETTOYER SON ÂME

Vous allez dans ce chapitre explorer de nombreuses libérations[13], qu'elles soient karmiques ou non. Elles vont s'installer en vous progressivement...

En arrivant à faire vos propres lectures d'âmes, vous serez à même de faire vos libérations. Le but de ce livre est de vous rendre pleinement autonome dans votre travail personnel de libération et de transformation.

Certains d'entre vous ressentiront du froid, des choses qui se détachent, des liens qui se dénouent... D'autres encore auront envie de pleurer. Cela est très libérateur, donc surtout si vous avez envie de pleurer, lâchez tout, car le corps va chercher à sa façon à se nettoyer et à se libérer lui aussi...

---

13. Je vous livre ici toutes celles que j'ai pu rencontrer lors de mes lectures des Annales Akashiques et que j'ai regroupées dans ma formation en ligne « Guérison de l'Âme ».

D'autres personnes ne ressentiront rien et cela n'a pas d'importance au fond, car je peux vous assurer que les libérations se font, si vous êtes dans le cœur et dans la bienveillance envers vous-même…

Après chaque libération, il vous est précisé de faire la reconnexion le lendemain. Ce travail ainsi que le processus sont à respecter pour que cela fonctionne. Donc après votre première libération, attendez le lendemain pour faire la reconnexion. Vous pouvez également attendre quelques jours entre chaque libération car celles-ci peuvent être vécues de façon très intense. Mais n'oubliez pas :

Un jour, la libération =
le lendemain, la reconnexion.

Toutes les libérations suivantes seront plus intenses si vous les effectuez un soir de pleine lune, car l'énergie de la pleine lune est avant tout une énergie de libération et de nettoyage…

L'ACCEPTATION DE L'INCARNATION

Ainsi que j'en parle au début du livre (voir « Le refus d'incarnation », p. 48), il arrive que des personnes aient cherché à faire demi-tour au moment de l'incarnation.

Si en lisant le livre, cela a résonné à l'intérieur de vous et vous vous êtes reconnu, cela peut être certes déstabilisant, mais une prise de conscience s'est faite ! Lorsque vous prenez conscience qu'il s'agit de ce moment particulier lié à votre incarnation, vous avez déjà fait péter un premier verrou.

Maintenant, il va falloir passer à l'action et accepter votre incarnation, là encore peu importe votre âge, votre sexe, ne vous jugez pas et si ça se trouve ce livre est entre vos mains juste pour ce passage.

Exercice

Choisissez si possible un soir de pleine lune pour vous connecter aux énergies de la lune et de la terre, qui ce soir-là sont très intenses et particulières, ce qui vous aidera à être dans de belles et hautes vibrations.

Pour commencer, posez-vous simplement la question suivante : « Est-ce que j'accepte mon incarnation ? »

Vous seul avez la réponse et vous avez le droit de dire non. Si vous ne vous sentez pas prêt, écoutez-vous, soyez en accord avec votre décision et faites ce rituel lorsque vous sentirez que c'est le moment.

Une fois que vous aurez décidé d'accepter pleinement votre incarnation et de vous mettre en route sur votre mission de vie, sachez que vos Guides, qui ont toujours été présents jusque-là, ne vous lâcheront plus d'une semelle. Désormais, vous travaillerez main dans la main avec eux et il ne sera pas possible de faire demi-tour !

Lorsque c'est le bon moment pour vous, allumez une bougie et un encens. Peu importe la couleur ou l'odeur, choisissez-les en fonction de vos goûts personnels.

Mettez-vous en position assise, comme si vous alliez faire une méditation.

Prenez trois bonnes inspirations, mettez vos deux mains sur votre chakra du cœur et appelez vos Guides auprès de vous avec vos mots de façon simple, par exemple :

« Mes Guides, venez auprès de moi ici et maintenant. »

Vous pourrez les sentir par une sensation de chaleur, une émotion bienveillante…

Puis dites-leur :

« Aujourd'hui, j'accepte mon incarnation et je suis pleinement aligné avec mon incarnation ici et maintenant. »

Répétez cette phrase une fois dans votre tête (pour la penser), une fois à haute voix (pour la dire) et ensuite criez-la aussi fort que vous le pouvez. Votre cri est un cri de joie, ce qui vous permettra de le vibrer, car vous acceptez enfin votre incarnation.

Le lendemain, faites impérativement la reconnexion (voir « La reconnexion », p. 147) pour clôturer le travail.

Félicitations, vous acceptez enfin le pourquoi de votre présence ici sur terre ! Car oui vous y avez votre place, oui vous y avez des choses à faire individuellement, mais vous y avez aussi votre place dans la mission collective que nous avons tous, celle d'éveiller les consciences.

Attention, si vous n'êtes pas convaincu de vos propos ou si vous ne le pensez pas vraiment, le travail ne sera pas effectué…

Encore une fois, il ne s'agit que de vous, en faisant cela, comme dans toutes les autres libérations de ce livre, vous êtes seul face à vous-même, alors soyez honnête avec vous, là est la seule et unique clé de la réussite dans tout travail de transformation personnelle. Ne faites jamais les choses pour faire plaisir à l'autre, ne souhaitez jamais au grand jamais changer l'autre, faites les choses uniquement parce que cela vous fait plaisir à vous !

Vous ne vivez cette vie que pour vous ! Pas pour votre mère, votre conjoint ou vos enfants… uniquement pour vous, pour votre âme qui est venue s'amuser ici, non subir… Et votre âme, c'est vous !

LA LIBÉRATION DE LA MÈRE

Pendant la pleine lune, c'est aussi le meilleur moment pour rédiger une lettre à votre mère.

La pleine lune nous aide également à travailler sur notre féminin sacré et notamment sur l'aspect transgénérationnel, dont le côté maternel. C'est donc l'idéal pour vous libérer des liens négatifs qui vous unissent encore à votre mère.

Exercice Rédigez une lettre qui contient toutes vos peines, toutes vos blessures, tous vos souvenirs qui ne sont pas remplis de joie, et nous en avons tous ! Rajoutez-y toute votre colère, votre haine, votre rancœur… Il est essentiel de vider votre sac pour enlever le poids de vos épaules[14] ! Il

14. Souvent, cette lettre est accompagnée par la suite d'une perte de poids, légère ou conséquente.

ne s'agit pas là d'une lettre de pardon, mais d'une lettre où vous exprimez tout ce que vous avez sur le cœur.

Commencez par rédiger cette lettre avec ces termes : « Lettre à ma mère[15] ».

Puis là encore, prenez votre temps et lâchez-vous.

Bien souvent lorsque l'on finit de rédiger cette lettre, on est tenté d'écrire « je te pardonne », « je t'aime ». Mais réfléchissez-y trente secondes : est-ce que votre mère vous a demandé pardon ?

Elle n'a certainement pas conscience de ce que vous avez vécu, de comment vous avez perçu votre vie… Seule cette lettre pourrait l'amener (et encore ce n'est pas sûr) à vous demander pardon et là, à ce moment précis, vous pourrez alors pardonner avec votre cœur et vous créerez une autre libération, celle d'autres maux ! Et si ce n'est pas OK pour vous, si vous n'êtes pas prêt à pardonner, soyez simplement en accord avec cela, vous avez le droit de ne pas être prêt.

N'oubliez pas que lorsque l'on écrit sur une feuille, on ne fait que penser. Une fois votre lettre finie, lisez-la à haute voix, cela vous permettra de créer une libération par la pensée et une libération par la parole.

En rajoutant une symbolique en lien avec la pleine lune, vous obtiendrez la meilleure des libérations qui soit !

Après quoi, brûlez la lettre en répétant la phrase suivante :

15. Phonétiquement on entend le mot « mammaire », si vous avez des soucis de santé qui sont en lien avec le côté mammaire, alors je vous encourage vivement à faire ce travail sur votre mère en priorité !

« Je me pardonne et je me libère, je me pardonne et je me libère… »

Puis remerciez la pleine lune de vous avoir aidé dans ce travail de libération, remerciez votre mère, remerciez également vos Guides ainsi que l'Univers. Et remerciez-vous, pour cette belle prise de conscience et cette libération !

Au lieu de brûler la lettre, vous pouvez aussi choisir de l'envoyer.

Dans ce cas, expédiez-la le jour de la pleine lune pour finir un cycle. Le fait de l'envoyer vous permettra de vous libérer là encore d'un poids que vous portez sur vos épaules.

Soyez prêt cependant à recevoir la visite de votre mère ou son appel, ou un silence radio. Chacun a sa compréhension du moment, sa propre ouverture de conscience, il ne s'agit pas là d'effectuer le jugement dernier de votre mère, ni de vous fâcher avec elle, mais juste d'exprimer tout ce que votre corps a gardé en mémoire depuis tant d'années. Cela aura un effet libérateur sur vous, mais pas forcément sur votre mère. N'oubliez pas que chacun a son propre cheminement, son propre éveil…

Le lendemain, faites impérativement la reconnexion (voir « La reconnexion », p. 147) pour clôturer le travail.

Appliquez ensuite cette procédure pour écrire à votre père, à vos frères, à vos sœurs, à vos grands-parents, puis n'hésitez pas à faire de même avec chaque personne qui est entrée dans votre vie à un moment ou un autre, un ex-compagnon, une vieille amie perdue de vue, un professeur, etc.

Et lorsque vous avez fait le tour de l'ancien, du passé… continuez avec les personnes qui vous entourent actuellement : conjoint, enfants…

Vous n'êtes pas obligé de rédiger toutes les lettres en même temps, le corps a aussi besoin de temps pour libérer et assimiler ce qui se passe… Écoutez-vous tout simplement.

Si vous souhaitez vous soulager de nombreux maux/mots, c'est le travail et le moment idéal pour le faire.

Carine

« J'ai écrit une lettre à ma mère car je souffrais d'un problème mammaire depuis deux ans. Cette lettre était virulente, je me suis vue exprimer toute ma colère ainsi que ma haine, des choses que j'avais ressenties pendant mon enfance suite à l'abandon de ma mère… Comme elle est décédée, j'ai brûlé la lettre. Lorsque je l'ai balancée dans le feu, je me suis effondrée en larmes… J'ai pleuré littéralement toutes les larmes de mon corps, j'ai été très fatiguée pendant deux-trois jours. Depuis, mes soucis mammaires se sont résorbés ! »

Nicole

« Lorsque j'ai décidé de faire cette lettre, je me suis dit que j'allais la brûler, car je ne voulais pas faire de mal à ma mère. J'ai écrit des pages et des pages entières... J'ai fait un sacré travail et pas forcément très lumineux, mais le but était de me libérer de tout ce que j'avais sur le cœur... Lorsque j'ai relu à haute voix cette lettre, je me suis dit que ma mère devait la lire pour comprendre pourquoi je ne lui adressais plus la parole, et je la lui ai envoyée... Ne parlant plus à ma mère depuis des années, je ne m'attendais pas à avoir de ses nouvelles ! Pourtant, j'ai reçu une lettre plusieurs mois plus tard où elle me demandait pardon pour tout ce que j'avais vécu étant enfant ! J'ai beaucoup pleuré et j'ai senti la petite fille en moi être dans la joie, comme si je me reconnectais à la lumière. Aujourd'hui, nous nous reparlons et cheminons l'une à côté de l'autre ! J'ai retrouvé une mère. »

LA LIBÉRATION DU TRANSGÉNÉRATIONNEL

Ah, la famille, que de bonheurs, mais aussi parfois quel poids... Tous les traumatismes, les fardeaux, les non-dits, les secrets de famille, les échecs, toutes les émotions refoulées et non exprimées finissent par hanter les générations suivantes...

Lorsqu'une personne souffre car elle ne comprend pas ce qui lui arrive, qu'elle vit des échecs à répétition, une absence de joie et de bonheur, des croyances limitantes, des situations d'autosabotage, une non-sexualité dans son couple, etc., il faut souvent remonter dans son arbre généalogique.

Prenons un exemple : une femme qui a subi de l'inceste et l'a gardé pour elle va développer une sexualité difficile et complexe.

Elle peut se sentir sale dans son corps, honteuse, impuissante… Puis lorsqu'elle aura un enfant, elle va transformer son traumatisme en peur qu'elle va transmettre à son enfant pour le protéger et encore plus si ce dernier est une fille. Cette petite fille va alors grandir avec des croyances limitantes qui ne lui appartiennent pas. Elle non plus ne va pas s'épanouir sexuellement car inconsciemment elle aura gardé en mémoire dans son corps les images de sa mère exprimant une gêne ou un dégoût pour des personnes qui s'embrassaient dans la rue. Devenue femme à son tour, elle va éteindre peu à peu la lumière qui était en elle et laisser tomber son bâton de pouvoir.

Nous pouvons remonter ainsi sur de nombreuses générations, donc imaginez tout ce qui ne nous appartient pas !

À présent, il ne s'agit pas de juger ce qui a été, mais de reprendre votre bâton de pouvoir, de rallumer votre lumière intérieure pour avancer et vous retrouver pleinement vous-même. C'est ce que j'appelle le recouvrement d'âme.

Ce qui est génial, en revanche, c'est que lorsque l'on a compris cela, on peut libérer de nombreux schémas, s'en débarrasser et par conséquent, nous libérons les générations suivantes…

Lisez ce texte une première fois dans votre tête (la pensée) pour en avoir une première idée puis prenez un moment pour vous, où vous ne serez pas dérangé, mettez une musique douce, allumez une bougie, de l'encens…

Une fois que vous vous sentez bien et détendu, mettez-vous debout et lisez ce texte à haute voix (la parole) jusqu'au bout ! Respirez dès que vous en ressentez le besoin ou dès qu'une émotion arrive.

N'oubliez pas, chaque mot doit vibrer et résonner en vous.

Vous pourrez ressentir certaines choses se passer dans votre corps, laissez simplement les nœuds se défaire, les larmes couler. Si vous avez envie de bâiller, de tousser ou autre, laissez faire : votre corps cherche à évacuer les libérations qui se font, alors accueillez ce moment sans vous juger…

Même si les larmes viennent, n'arrêtez pas votre lecture. Vous êtes prêt ?

Exercice

Prenez une bonne inspiration puis posez une main sur votre cœur et répétez :

Ici et maintenant est le moment où je me libère de ma lignée maternelle et paternelle :

- *je me libère de toutes les missions transgénérationnelles en remettant tous mes ancêtres dans la lumière ;*
- *je me libère de tous les traumatismes liés aux viols et aux abus sexuels de mes lignées ;*
- *je me libère de l'obligation de soutenir ma mère ;*
- *je me libère de l'obligation de soutenir mon père ;*
- *je me libère de l'obligation de vivre dans l'endettement, récupérant ma capacité à gérer l'argent ;*

- *je me libère de l'obligation de mendier la sécurité à l'extérieur ;*
- *je me libère de l'obligation de mendier l'amour ;*
- *je me libère de l'obligation de me punir si je choisis l'amour ;*
- *je me libère de l'obligation de vivre la déchéance si je suis en couple ;*
- *je me libère de l'obligation de me couper de mes émotions ;*
- *je me libère de l'obligation de revivre l'injustice ;*
- *je me libère de l'obligation de revivre l'abandon ;*
- *je me libère de l'obligation de revivre la trahison ;*
- *je me libère de l'obligation de revivre le rejet ;*
- *je me libère de l'obligation de revivre l'humiliation ;*
- *je me libère de l'obligation de m'effacer ou de disparaître en m'autorisant à vivre dans la lumière ;*
- *je me libère de l'obligation de m'isoler ;*
- *je me libère de l'obligation de reproduire le modèle de ma mère, notamment le sacrifice de soi, la réparation, le faire et l'obligation d'imposer ses idées ;*
- *je me libère de l'obligation de me débarrasser au plus vite des problèmes en m'autorisant à les regarder en face et à les traiter ;*
- *je me libère de l'obligation de réparer mes lignées ;*
- *je me libère de l'interdiction de voir les choses telles qu'elles sont ;*
- *je me libère de l'interdiction de m'appartenir ;*

- *je me libère de l'interdiction d'avoir une valeur ;*
- *je me libère de l'interdiction de penser par moi-même ;*
- *je me libère de l'interdiction de prendre des décisions seul(e) ;*
- *je me libère de l'interdiction de grandir, d'être autonome et indépendant(e) ;*
- *je me libère de l'interdiction d'être puissant(e) ;*
- *je me libère de l'interdiction de vivre une relation amoureuse harmonieuse, épanouissante, durable et libre ;*
- *je me libère de la peur d'être agressé(e) ;*
- *je me libère de la peur de l'insécurité ;*
- *je me libère de la peur de manquer ;*
- *je me libère de la peur de vivre en sécurité ;*
- *je me libère de la peur d'être aimé(e) ;*
- *je me libère de la peur d'aimer ;*
- *je me libère de la peur d'être abandonné(e) ;*
- *je me libère de la peur d'être trahi(e) ;*
- *je me libère de la peur d'être humilié(e) ;*
- *je me libère de la peur d'être rejeté(e) ;*
- *je me libère de la peur de choisir un camp ;*
- *je me libère de la peur d'oser ;*
- *je me libère de la peur d'être impuissant(e) ;*
- *je me libère de la peur d'être puissant(e) ;*
- *je me libère du besoin de sécurité ;*

- *je me libère du besoin d'amour ;*
- *je me libère du besoin d'être reconnu(e), nommé(e) et validé(e) par l'autre ;*
- *je me libère du besoin d'autorisation ;*
- *je me libère du manque d'amour de ma mère et de mon père, de mes sœurs et de mes frères ;*
- *je me libère du manque d'estime de moi ;*
- *je me libère du manque de confiance en moi ;*
- *je me libère du manque d'acceptation de moi ;*
- *je me libère du manque d'amour de moi ;*
- *je me libère de la croyance que je mérite d'être dévalorisé(e) ;*
- *je me libère de la croyance que je mérite la violence ;*
- *je me libère de la croyance que je mérite d'être rabaissé(e), critiqué(e), insulté(e) et maltraité(e) ;*
- *je me libère de la croyance que je ne mérite pas d'être aimé(e) pour qui je suis vraiment ;*
- *je me libère de la croyance que j'ai besoin de quelqu'un à mes côtés pour vivre ma vie ;*
- *je me libère de la croyance que le couple est un espace de non-vie ;*
- *je me libère de la croyance que l'amour fait mal ;*
- *je me libère de la croyance que réparer c'est aimer ;*
- *je me libère de la croyance qu'il est interdit d'oser ;*
- *je me libère de l'amputation de mon identité en récupérant mon droit de vivre ma vie pleinement pour moi-même ;*

- *je me libère des problèmes liés à l'argent, à la déchéance et à la perte en m'autorisant à vivre pleinement dans l'abondance ;*
- *je me libère de l'obsession tournée vers mon corps ;*
- *je me libère de l'amour conditionnel ;*
- *je me libère de la sécurité conditionnelle ;*
- *je me libère de l'autodévalorisation ;*
- *je me libère de l'autosabotage ;*
- *je me libère de la mission de sauver un de mes parents ou les deux ou un autre membre de ma famille ;*
- *je me libère de la tyrannie de ma mère, de mon père ou des deux ;*
- *je me libère de l'absence de mon père ou de ma mère ;*
- *je me libère du modèle de couple de mes parents ;*
- *je me libère de l'accord passé à la puberté en récupérant mon droit d'obtenir ce que je désire ;*
- *je me libère de toutes les addictions liées à mes ancêtres ;*
- *je me libère de l'attente d'être réparé(e) par les hommes ;*
- *je me libère de toutes les blessures émotionnelles ;*
- *je me libère de la morbidité en récupérant mon droit à faire pétiller la vie ;*
- *je me libère de tous les contrats d'âmes passés pour me faire descendre ;*
- *je me libère de l'interdiction de me reconnecter à ma mission de vie.*

> *Je me libère de toutes les croyances limitantes de ma lignée maternelle et de ma lignée paternelle, je remets toutes les personnes concernées par ces lignées dans la lumière en m'autorisant à récupérer pleinement mon pouvoir intérieur et à vivre enfin ma vie, ici et MAINTENANT !*
>
> **Le lendemain, faites impérativement la reconnexion (voir « La reconnexion », p. 147) pour clôturer le travail.**

Caroline

« Quel bonheur d'avoir pu faire ce travail, j'ai pleuré tout le long de cette libération, tellement chaque mot a résonné en moi... J'ai l'impression de m'être réapproprié mon corps, d'être enfin en phase avec moi-même. »

LA LIBÉRATION DE LA LIGNÉE DES SORCIÈRES, DES GUÉRISSEUSES ET DES MÉDIUMS

Cette libération vous parlera si vous vous sentez une âme de sorcier/sorcière ou de guérisseur/guérisseuse. Toutes ces personnes autrefois ont pu connaître le jugement, le sacrifice, une mort cruelle, et ces vies ont pu laisser des séquelles chez ceux qui reviennent aujourd'hui en tant que thérapeutes. Ces thérapeutes peuvent avoir de nombreuses croyances, comme celle qu'il faut offrir ses soins, comme le fait que l'on ne peut gagner sa vie en réalisant des soins énergétiques, ils peuvent avoir peur du regard des autres ou encore du jugement des autres, car ils peuvent avoir été brûlés sur un bucher autrefois par les villageois même s'ils faisaient le bien à ce moment-là, par exemple.

Accueillez cette libération qui vous permettra de vous reconnecter à qui vous êtes véritablement, à qui vous avez été autrefois, aux mémoires encore présentes dans cette vie et qui ne demandent qu'à se réveiller pour manifester votre puissance intérieure.

Si ce cheminement ne vous parle pas, alors passez à la libération d'après.

Lisez ce texte une première fois dans votre tête (la pensée) pour en avoir une première idée puis prenez un moment pour vous, où vous ne serez pas dérangé, mettez une musique douce, allumez une bougie, de l'encens…

Une fois que vous vous sentez bien et détendu, mettez-vous debout et lisez ce texte à haute voix (la parole) jusqu'au bout ! Respirez dès que vous en ressentez le besoin ou dès qu'une émotion arrive.

N'oubliez pas, chaque mot doit vibrer et résonner en vous.

Même si les larmes viennent, n'arrêtez pas votre lecture. Vous êtes prêt ?

Exercice

Prenez une bonne inspiration puis posez une main sur votre cœur et répétez :

MAINTENANT est le moment où je me libère de la lignée de sorcières, de guérisseuses et de médiums :

- *je me libère de toutes les vies où j'ai été un sorcier/une sorcière ;*

- *je me libère de toutes les vies où j'ai été un guérisseur/une guérisseuse ;*
- *je me libère de toutes les vies où j'ai été un médium ;*
- *je me libère de toutes les vies où j'ai été un druide ;*
- *je me libère de toutes les mauvaises pensées que j'ai eues ;*
- *je me libère de toutes les mauvaises actions que j'ai entreprises ;*
- *je me libère de tous les traumatismes liés à mes différentes morts ;*
- *je me libère de tous les sévices, tortures, empoisonnements ou toutes autres choses négatives que j'ai pu faire subir à d'autres personnes en remettant toutes ces personnes dans la lumière ;*
- *je me libère de toute procrastination ;*
- *je me libère de l'obligation de me couper de mes émotions ;*
- *je me libère de l'obligation de m'isoler ou de vivre seul ;*
- *je me libère de l'obligation de revivre l'injustice de mes autres vies ;*
- *je me libère de l'obligation de revivre l'abandon de mes autres vies ;*
- *je me libère de l'obligation de revivre l'humiliation de mes autres vies ;*
- *je me libère de l'obligation de revivre le rejet de mes autres vies ;*
- *je me libère de l'obligation de revivre la trahison de mes autres vies ;*

- *je me libère de l'obligation de douter de ma connexion ;*
- *je me libère de l'interdiction d'écouter mon intuition ;*
- *je me libère de l'interdiction d'être puissant(e) ;*
- *je me libère de l'interdiction de me reconnecter à ma mission de vie ;*
- *je me libère de l'interdiction d'avoir une valeur ;*
- *je me libère de la peur de me connecter au monde subtil ;*
- *je me libère de la peur du regard des autres ;*
- *je me libère de la peur d'exister par moi-même ;*
- *je me libère de la peur d'exister pour moi-même ;*
- *je me libère de la peur de ne pas être à ma juste place en récupérant ma place au sein de l'Univers ;*
- *je me libère de la peur d'être prêt(e) ;*
- *je me libère de la peur de ne pas oser ;*
- *je me libère de la peur d'être impuissant(e) ;*
- *je me libère de la peur d'être puissant(e) ;*
- *je me libère du jugement des autres ;*
- *je me libère du jugement envers moi-même ;*
- *je me libère de la croyance qu'il faut avoir un don pour aider les autres ;*
- *je me libère de la croyance que je dois offrir mes services ;*
- *je me libère de la croyance que je ne peux pas vivre en réalisant mes services ;*
- *je me libère de la croyance que je ne peux pas gagner ma vie en réalisant mes services ;*

- *je me libère de la croyance que je dois avoir fini de travailler sur moi pour me lancer ;*
- *je me libère de la croyance que mes chakras sont bloqués ou fermés ;*
- *je me libère de la croyance que je serais jugé(e), enfermé(e), torturé(e) ;*
- *je me libère de la croyance que l'enfer existe ;*
- *je me libère de la croyance que je ne vois rien ;*
- *je me libère de la croyance que je n'entends rien ;*
- *je me libère de la croyance que je ne ressens rien ;*
- *je me libère de la croyance que je ne suis rien ;*
- *je me libère du besoin d'être reconnu(e) ;*
- *je me libère du besoin d'être validé(e) par l'autre ;*
- *je me libère du manque d'estime de soi ;*
- *je me libère du manque de confiance en moi ;*
- *je me libère du manque d'acceptation de moi ;*
- *je me libère de la mission de sauver les autres ;*
- *je me libère de la mission de sauver le monde ;*
- *je me libère de l'autodévalorisation ;*
- *je me libère de mon image ;*
- *je me libère de rejouer mes différentes vies.*

Je me libère de tout cela dans tous les sens du temps ici et maintenant !

Et je récupère mon pouvoir lumineux de sorcier/sorcière, de guérisseur/guérisseuse et de médium, de druide en réintégrant en moi toutes ces sagesses ancestrales ici et MAINTENANT !

Vous pouvez ressentir différentes choses se passer dans votre corps, accueillez tout simplement puis laissez les nœuds se défaire un à un. Si vous avez un trop-plein d'émotions et que les larmes montent, laissez-les couler ; de même si vous avez envie de bâiller, de tousser, de cracher, etc., accueillez et laissez faire...

Le lendemain, faites impérativement la reconnexion (voir « La reconnexion », p. 147) pour clôturer le travail.

Paula

« C'est une des libérations les plus puissantes que j'aie pu faire jusqu'à présent. J'ai ressenti en moi des blocages qui sautaient... Je me sens plus en paix avec moi-même et avec mon passé... Je me régale de "faire ma sorcière", comme dit ma fille. »

LA LIBÉRATION DES VŒUX

Lisez ce texte une première fois dans votre tête (la pensée) pour en avoir une première idée puis prenez un moment pour vous, où vous ne serez pas dérangé, mettez une musique douce, allumez une bougie, de l'encens...

Une fois que vous vous sentez bien et détendu, mettez-vous debout et lisez ce texte à haute voix (la parole) jusqu'au bout !

Respirez dès que vous en ressentez le besoin ou dès qu'une émotion arrive.

N'oubliez pas, chaque mot doit vibrer et résonner en vous.

Même si les larmes viennent, n'arrêtez pas votre lecture. Vous êtes prêt ?

Exercice

Prenez une bonne inspiration puis posez une main sur votre cœur et répétez :

MAINTENANT est venu le moment pour moi de me libérer de mes vœux !

- *Je me libère de tous les vœux de pauvreté ;*
- *je me libère de tous les vœux de chasteté ;*
- *je me libère de tous les vœux de souffrance ;*
- *je me libère de tous les vœux d'abnégation ;*
- *je me libère de tous les vœux d'obéissance ;*
- *je me libère de tous les vœux de sacrifice ;*
- *je me libère de tous les vœux de silence ;*
- *je me libère de tous les vœux de célibat ;*
- *je me libère de tous les vœux de la vie en communauté ;*
- *je me libère de tous les vœux de mariage que j'ai pu prononcer ;*
- *je me libère de tous les vœux de sorcellerie que j'ai pu prononcer ;*

› *je me libère de tous les vœux sentimentaux que j'ai pu dire ou enfermer dans un cadenas.*

Je me libère de tous ces vœux dans tous les sens du temps, ainsi qu'avec toutes les personnes concernées MAINTENANT !

Qu'il en soit ainsi !

Vous pourrez ressentir certaines choses se passer dans votre corps, laissez simplement les nœuds se défaire, les larmes couler. Si vous avez envie de bâiller, de tousser ou autre, laissez faire, votre corps cherche par tous les moyens à évacuer les libérations qui se font, alors accueillez ce moment sans vous juger…

Le lendemain, faites impérativement la reconnexion (voir « La reconnexion », p. 147) pour clôturer le travail.

Myriam

« En faisant cette libération, je me suis vue bonne sœur, j'ai compris que j'avais fait vœu de chasteté. Dans cette vie, j'ai toujours eu des soucis avec ma sexualité… Après cette libération, je me sens bien plus épanouie dans ma vie de femme et de couple. »

LA LIBÉRATION KARMIQUE

Lisez ce texte une première fois dans votre tête (la pensée) pour en avoir une première idée puis prenez un moment pour vous, où vous ne serez pas dérangé, mettez une musique douce, allumez une bougie, de l'encens…

Une fois que vous vous sentez bien et détendu, mettez-vous debout et lisez ce texte à haute voix (la parole) jusqu'au bout ! Respirez dès que vous en ressentez le besoin ou dès qu'une émotion arrive.

N'oubliez pas, chaque mot doit vibrer et résonner en vous.

Même si les larmes viennent, n'arrêtez pas votre lecture. Vous êtes prêt ?

Exercice

Prenez une bonne inspiration puis posez une main sur votre cœur et répétez :

MAINTENANT est venu le moment pour moi de me libérer de mon karma !

- *Je me libère de tout mon karma négatif ;*
- *je me libère de toutes mes pensées négatives envers moi-même ;*
- *je me libère de toutes mes actions négatives envers moi-même ;*
- *je me libère de toutes mes paroles négatives envers moi-même ;*
- *je me libère de toutes mes pensées négatives envers les autres ;*
- *je me libère de toutes mes actions négatives envers les autres ;*
- *je me libère de toutes mes paroles négatives envers les autres ;*

› *je me libère de toutes mes inactions.*

Je me libère de tout mon mauvais karma dans tous les sens du temps, ainsi qu'avec toutes les personnes concernées MAINTENANT !

Qu'il en soit ainsi !

Vous pourrez ressentir certaines choses se passer dans votre corps, laissez simplement les nœuds se défaire, les larmes couler. Si vous avez envie de bâiller, de tousser ou autre, laissez faire, votre corps cherche par tous les moyens à évacuer les libérations qui se font, alors accueillez ce moment sans vous juger…

Le lendemain, faites impérativement la reconnexion (voir « La reconnexion », p. 147) pour clôturer le travail.

Patrice

« Après cette libération, je me suis senti plus positif que je ne l'avais jamais été, j'ai également senti comme des liens qui se dénouaient. »

LA LIBÉRATION DES BLESSURES ÉMOTIONNELLES

Lisez ce texte une première fois dans votre tête (la pensée) pour en avoir une première idée puis prenez un moment pour vous, où vous ne serez pas dérangé, mettez une musique douce, allumez une bougie, de l'encens…

Une fois que vous vous sentez bien et détendu, mettez-vous debout et lisez ce texte à haute voix (la parole) jusqu'au bout !

Respirez dès que vous en ressentez le besoin ou dès qu'une émotion arrive.

N'oubliez pas, chaque mot doit vibrer et résonner en vous.

Même si les larmes viennent, n'arrêtez pas votre lecture. Vous êtes prêt ?

Exercice

Prenez une bonne inspiration puis posez une main sur votre cœur et répétez :

MAINTENANT est venu le moment pour mon âme et moi de ne faire plus qu'un !

- *Je me libère de toutes les blessures émotionnelles liées à toutes mes lignées ;*
- *je me libère de toutes les blessures émotionnelles liées à toutes mes vies ;*
- *je me libère de toutes les blessures émotionnelles liées à moi-même ;*
- *je me libère de toutes les blessures émotionnelles liées aux autres.*

Je me suis rejeté(e) moi-même, j'ai rejeté les autres, ma famille, mes amis m'ont rejeté(e). Ma propre mère m'a rejeté(e) lorsque j'étais dans son ventre et à mon arrivée je ne me suis pas senti(e) accueilli(e), pas à ma place.

- *Je me libère de penser que je n'ai pas le droit d'exister ;*
- *je me libère de penser que je suis nul(le) et sans aucune valeur ;*

- *je me libère en arrêtant de me couper du monde extérieur ;*
- *je me libère de ne pas me sentir à ma place dans ce monde ;*
- *je me libère de me sentir seul(e) même en présence d'autres personnes ;*
- *je me libère de la fuite ;*
- *je me libère d'être invisible aux yeux des autres ;*
- *je me libère de me rejeter moi-même peu importe la situation ;*
- *je me libère de me mentir à moi-même ;*
- *je me libère de porter un masque en permanence.*

Je me pardonne.

Maintenant, je me libère de la blessure de rejet !

J'ai abandonné, je me suis sentie abandonné(e), j'ai été abandonné(e) par ma famille, mes amis.

- *Je me libère de la pression d'abandonner ce que j'entreprends ;*
- *je me libère de la peur d'abandonner ce que j'aime ;*
- *je me libère de la peur de quitter ;*
- *je me libère de la peur d'être quitté(e) ;*
- *je me libère de demander toujours de l'attention ;*
- *je me libère d'être une victime ;*
- *je me libère d'être malade juste pour que l'on m'apporte de l'attention.*

Je me pardonne.

Maintenant, je me libère de la blessure d'abandon !

J'ai humilié, j'ai refoulé mes désirs, mes plaisirs par peur de perdre le contrôle. Je préfère m'occuper de mes proches et non de moi-même. Je me suis sentie humilié(e) par ma famille et mes amis.

- *Je me libère en reprenant le contrôle de mon corps et de mes plaisirs ;*
- *je m'assume telle que je suis ;*
- *je me libère du dégoût de mon image ;*
- *je me libère de la nourriture néfaste à mon corps ;*
- *je me libère de la nourriture néfaste comme récompense ;*
- *je me libère des situations d'humiliation ;*
- *je me libère de l'autosabotage.*

Je me pardonne.

Maintenant, je me libère de la blessure d'humiliation !

J'ai trahi, manipulé et menti, je me suis sentie trahi(e), manipulé(e) par ma famille et mes amis et on m'a menti.

- *Je me libère de la peur de l'engagement ;*
- *je me libère de l'insécurité ;*
- *je me libère de la manipulation ;*
- *je me libère du mensonge ;*
- *je me libère de la séduction et de la domination.*

Je me pardonne.

Maintenant, je me libère de la blessure de trahison !

J'ai jugé, accusé, rabaissé, je me suis senti(e) jugé(e), accusé(e), critiqué(e), rabaissé(e) par ma famille et mes amis.

- *Je me libère de tout jugement ;*
- *je me libère de toutes accusations ;*
- *je me libère de la non-considération ;*
- *je me libère d'un monde parfait ;*
- *je me libère de la perfection.*

Je me pardonne.

Maintenant, je me libère de la blessure de l'injustice !

Je me libère de toutes les blessures émotionnelles, je me pardonne et je remets tous mes ancêtres dans la lumière.

Je me libère de tout cela dans tous les sens du temps et avec toutes les personnes concernées ici et MAINTENANT !

Je récupère mon plein potentiel, je m'accepte tel(le) que je suis, je m'aime, je reconnais les blessures et je sais que j'en suis responsable à partir d'aujourd'hui.

Qu'il en soit ainsi !

Vous pourrez ressentir certaines choses se passer dans votre corps, laissez simplement les nœuds se défaire, si les larmes montent, laissez-les s'écouler, si vous avez envie de bâiller, de tousser ou autre, laissez faire… Accueillez cette libération…

Le lendemain, faites impérativement la reconnexion (voir « La reconnexion », p. 147) pour clôturer le travail.

Sabine

« Je me suis effondrée à la fin de cette libération, j'ai pleuré pendant deux jours, ça a nettoyé énormément de choses en moi. Aujourd'hui, je me sens sereine et épanouie. »

LA LIBÉRATION DES RELATIONS TOXIQUES

Lisez ce texte une première fois dans votre tête (la pensée) pour en avoir une première idée puis prenez un moment pour vous, où vous ne serez pas dérangé, mettez une musique douce, allumez une bougie, de l'encens…

Une fois que vous vous sentez bien et détendu, mettez-vous debout et lisez ce texte à haute voix (la parole) jusqu'au bout ! Respirez dès que vous en ressentez le besoin ou dès qu'une émotion arrive.

N'oubliez pas, chaque mot doit vibrer et résonner en vous.

Même si les larmes viennent, n'arrêtez pas votre lecture. Vous êtes prêt ?

Exercice

Prenez une bonne inspiration puis posez une main sur votre cœur et répétez :

MAINTENANT est le moment où je me libère des relations toxiques :

› *je me libère de la relation toxique avec ma mère ;*

- *je me libère de la relation toxique avec mon père ;*
- *je me libère de la relation toxique avec mes frères et mes sœurs ;*
- *je me libère de la relation toxique avec* [prénom de la personne] ;
- *je me libère de la relation toxique avec* [prénom de la personne] ;
- *je me libère de la relation toxique avec* [prénom de la personne].

Répétez cette phrase pour toutes les personnes que vous côtoyez tous les jours, votre patron, une collègue de travail, un ancien camarade de classe, le boucher, la fleuriste, etc. Rajoutez un maximum de personnes…

Une fois votre liste terminée, dites :

Je me LIBÈRE et je me COUPE de toutes ces relations toxiques, je me PARDONNE et je PARDONNE à toutes ces personnes.

Je sais désormais que ces personnes m'ont fait grandir malgré les épreuves, cela fait partie de mon incarnation, je les remercie.

Je sais aussi que ces personnes ont fait de leur mieux avec leurs propres croyances, je leur pardonne et les mets dans la lumière.

Je me pardonne et je m'aime…

Vous pourrez ressentir certaines choses se passer dans votre corps, laissez simplement les nœuds se défaire, les larmes couler. Si vous avez envie de bâiller, de tousser ou autre, laissez faire, votre corps cherche par tous les moyens à évacuer les libérations qui se font, alors accueillez ce moment sans vous juger…

Le lendemain, faites impérativement la reconnexion (voir « La reconnexion », p. 147) pour clôturer le travail.

Par la suite, si vous pensez à d'autres personnes que vous avez côtoyées, dites simplement :

Je me libère de la relation toxique avec [prénom de la personne].

Puis :

Je me LIBÈRE et je me COUPE de cette relation toxique, je me PARDONNE et je PARDONNE à cette personne.

Je sais désormais que cette personne m'a fait grandir malgré les épreuves, cela fait partie de mon incarnation, je la remercie.

Je sais aussi que cette personne a fait de son mieux avec sa propre croyance, je lui pardonne et la mets dans la lumière.

Je me pardonne et je m'aime…

Le lendemain, faites impérativement la reconnexion (voir « La reconnexion », p. 147) pour clôturer le travail.

Judith

« Lorsque j'ai commencé à faire cette libération, j'ai rajouté de nombreuses personnes envers qui j'avais entretenu une mauvaise pensée, d'autres à l'égard de qui j'avais une mauvaise parole. Je me suis rendue compte que la liste était bien plus longue que je l'avais imaginé et je continue cette libération les jours où j'en ressens le besoin. »

LA RECONNEXION

Après chaque libération, il est impératif d'entreprendre le travail de reconnexion, et ce **dès le lendemain**. Cette étape est incontournable pour clôturer le travail de libération en cours, mais aussi pour vous sentir plus en paix et plus en harmonie avec vous-même dans un premier temps, puis avec les autres.

Il est important que chaque mot résonne en vous

Lorsqu'on libère en soi quelque chose qui a toujours été là jusqu'à aujourd'hui, on laisse comme un « trou » dans nos corps subtils. Il faut alors aller combler ce trou (via la reconnexion en apportant de l'amour) pour que celui-ci guérisse. La libération se fait, ainsi que la reconnexion dans les différentes couches de l'aura. Elles s'inscrivent dans tous vos corps, mais aussi dans votre âme.

Imaginez ce moment de reconnexion comme un acte sacré !

Lisez ce texte une première fois dans votre tête (la pensée) pour en avoir une première idée puis prenez un moment pour vous, où vous ne serez pas dérangé, mettez une musique douce, allumez une bougie, de l'encens…

Une fois que vous vous sentez bien et détendu, mettez-vous debout et lisez ce texte à haute voix (la parole) jusqu'au bout ! Respirez dès que vous en ressentez le besoin ou dès qu'une émotion arrive.

N'oubliez pas, chaque mot doit vibrer et résonner en vous.

Même si les larmes viennent, n'arrêtez pas votre lecture. Vous êtes prêt ?

Exercice

Prenez une bonne inspiration puis posez une main sur votre cœur et répétez :

Aujourd'hui, ici et maintenant :

- *j'accepte mon incarnation ;*
- *je reprends mon plein pouvoir ;*
- *je reprends mes capacités ;*
- *je reprends ma place dans ce monde ;*
- *je reprends ma place au sein de ma famille ;*
- *je reprends mon identité divine et céleste ;*
- *je reprends ma liberté ;*
- *je reprends mes responsabilités ;*
- *je reprends ma vie en main.*

À présent :

- *je suis moi-même ;*
- *je suis fier (fière) de moi-même ;*
- *je suis en paix avec moi-même ;*
- *je suis en joie avec moi-même ;*
- *je suis tolérant(e) avec moi-même ;*
- *je suis aimant(e) avec moi-même ;*

- *je suis entreprenant(e) pour moi-même ;*
- *je suis plus optimiste avec moi-même ;*
- *je suis en harmonie avec moi-même ;*
- *je suis dans la positive attitude ;*
- *je suis en amour avec moi-même.*

À *présent* :

- *j'ai foi en moi-même ;*
- *j'ai foi en l'Univers ;*
- *j'ai foi en l'être humain ;*
- *j'ai confiance en moi-même ;*
- *j'ai de l'estime pour moi-même ;*
- *j'ai de la valeur à mes yeux ;*
- *j'ouvre mon cœur ;*
- *je me redécouvre chaque jour ;*
- *je rayonne ma lumière à l'intérieur comme à l'extérieur de moi-même ;*
- *je diffuse ma lumière intérieure ;*
- *j'apprends à passer du temps avec moi-même ;*
- *j'apprends à m'apprécier pour qui je suis ;*
- *j'apprends à me respecter ;*
- *j'apprends à me pardonner ;*
- *je prends mes propres décisions ;*
- *je fais mes propres choix ;*

- *j'apprends à aimer mon corps ;*
- *j'apprends à toucher mon corps ;*
- *j'apprends à prendre soin de mon corps ;*
- *j'apprends à mieux alimenter mon corps ;*
- *je prends conscience que mon corps est un temple sacré ;*
- *j'apprends à me faire plaisir ;*
- *j'écoute ma voix intérieure ;*
- *je suis ma voix intérieure ;*
- *je réalise ma mission de vie;*
- *je vois la beauté en moi-même ;*
- *je me vois tel(le) que je suis, un être divin et lumineux.*
- *je suis AMOUR et je m'aime !*

Je me reconnecte ici et maintenant à ma partie divine et nous ne faisons plus QU'UN !

Merci.

Là aussi accueillez ce qui vient, et si vous avez envie de pleurer, laissez les larmes couler.

Ingrid

« J'ai pleuré tout le long de ma reconnexion. C'était d'une force et d'une telle douceur à la fois, je me suis sentie dans un état de bien-être indescriptible, c'était puissant. »

MANIFESTER VOS PENSÉES

Les Annales Akashiques vous permettent de remonter à la cause de la cause… à l'origine, au moment où vous avez fait quelque chose, passé un vœu ou signé un contrat d'âme. Elles viennent créer la prise de conscience du comment et pourquoi tout a commencé, mais elles ne viennent pas créer de libération karmique !

Si vous voulez que les choses changent, VOUS seul pouvez entreprendre le changement et personne d'autre.

En plus d'effectuer les libérations qui vont suivre, il est impératif de changer votre regard sur les choses et sur le monde si vous souhaitez réellement obtenir des changements dans votre vie…

Tout ce que vous faites, dites et pensez se matérialise dans votre vie.

Si vous pensez au fond de vous que l'argent est sale, que c'est l'argent qui dirige ce monde, qu'il faut travailler plus pour avoir plus, qu'il faut les économies d'une vie pour réaliser un projet, que l'argent est au cœur de tous les problèmes de ce monde, etc., votre relation à l'argent est négative et cela ne s'améliorera pas. Pourquoi votre âme voudrait de l'argent, si vous pensez que c'est sale ? Pourquoi votre âme voudrait avoir de l'argent si vous pensez que c'est le cœur de tous les problèmes sur cette terre ?

De même, il ne suffit pas vouloir se libérer du vœu de pauvreté pour avoir du « fric ». Il est important de réfléchir à votre relation à l'argent, en commençant par réfléchir aux mots que vous employez : par exemple, « fric » est un terme très irrespectueux ; à l'inverse, « l'argent » = l'art des gens[16], lorsque l'on vibre et que l'on aime ce que l'on fait, partager sa passion, c'est partager son art aux autres, à ce moment-là, vous vous sentirez de plus en plus aligné avec l'argent.

Il ne suffit pas non plus de vouloir simplement se libérer, il faut le vibrer pour le manifester.

Le vibrer pour le manifester signifie que vous devez en faire la demande avec votre cœur, avec votre âme, dans la bienveillance et le respect de votre être pour vous libérer de n'importe quels vœux, contrats ou autres...

Je souhaite attirer votre attention sur un point qui est plus que nécessaire : même en allant dans vos Annales Akashiques, même en vibrant vos libérations et vos reconnexions, vous aurez alors à travailler sur l'aspect karmique. Mais aujourd'hui vous vivez cette vie-ci, il va donc falloir faire un dernier travail sur soi ! Celui de changer vos pensées, vos paroles et vos actions si vous souhaitez que cela ait un réel impact dans votre vie.

---

16. J'aime beaucoup les jeux de mots !

CHAPITRE 5

21 JOURS POUR SE LIBÉRER DE SES MÉMOIRES

Vous voici arrivé au défi, qui va vous aider à mettre en lumière vos peurs, vos croyances, les contrats que vous avez pu passer, etc., mais il va vous permettre aussi de libérer des vœux et de vous reconnecter à une vie bien plus épanouie.

À présent, posez ce livre cinq minutes et faites quelques respirations… puis reprenez-le.

Nous allons entamer ensemble un travail de prise de conscience, de libération puis de reconnexion, sur une période de 21 jours d'affilée.

Ne sautez pas de page pour aller plus vite, le but est de faire chacune des étapes pour créer un véritable nettoyage et vous retrouver enfin sur votre mission de vie.

Je vous conseille de faire un travail puis de passer à l'autre uniquement lorsque vous avez fini le premier, puis le second, etc.

Même si un travail ne résonne pas en vous, faites quand même l'exercice, celui-ci viendra libérer quelque chose dont vous n'avez pas forcément conscience…

Soyez le plus honnête possible avec vous-même, cela fait partie du processus de guérison. Ne travaillez pas qu'en surface, allez dans vos profondeurs, là réside le vrai changement !

Le but de ces petits exercices n'est pas de vous juger, ne soyez pas dur envers vous-même, soyez fier du travail que vous entreprenez…

Créez votre petit rituel (voir « Créer un rituel », p. 78), prenez dix à quinze minutes pour vous chaque jour et soyez en joie de prendre ce temps rien que pour vous.

Pour chaque travail à réaliser, prenez un crayon à papier, des feuilles, vous pouvez aussi utiliser les pages du livre pour écrire vos notes si vous le souhaitez.

Je vous souhaite une belle guérison de l'âme…

ÉTAPE 1 : PRENDRE CONSCIENCE !

JOUR 1 Les peurs

Prenez simplement trois bonnes inspirations, puis posez-vous la question suivante : « Qu'est-ce qui aujourd'hui me faire peur ? » (Ne pas réussir, finir seul, les animaux, le noir…)

Listez tout ce qui vous passe par la tête :

➔

➔

➔

➔

➔

➔

➔

➔

➔

➔

➔

➔

➔

➔

JOUR 2 Les schémas récurrents

Pour ce deuxième travail, prenez simplement trois bonnes inspirations, puis posez-vous la question suivante : « Quels sont les schémas que je répète depuis plusieurs années ? » (Dans mon travail, dans mon couple, avec mes parents, dans ma vie de tous les jours…)

Listez tout ce qui vous vient à l'esprit :

-
-
-
-
-
-
-
-
-
-

JOUR 3 Le manque

Pour ce troisième travail, prenez trois bonnes inspirations, puis posez-vous la question suivante : « De quoi est-ce que je manque aujourd'hui ? » (De nourriture, d'affection, d'argent, de tendresse…)

Listez tout ce qui vous vient à l'esprit :

-
-
-
-
-
-
-
-
-
-
-

JOUR 4 Les limitations

Pour ce quatrième travail, prenez trois bonnes inspirations, puis posez-vous la question suivante : « Qu'est-ce qui me limite dans ma vie aujourd'hui ? » (Pas assez d'intuition, pas assez d'argent, pas assez d'ambition…)

Listez tout ce qui vous vient à l'esprit :

➔

➔

➔

➔

➔

➔

➔

➔

➔

➔

➔

JOUR 5 Les traumatismes

Pour ce cinquième travail, prenez trois bonnes inspirations, puis notez tous les traumatismes que vous avez vécus.

Le sujet des traumatismes est un sujet délicat qui peut bouleverser, donc si vous sentez que ça éveille de vives émotions, respirez bien profondément et méditez (voir « Méditer », p. 71).

➔

➔

➔

➔

➔

➔

➔

➔

➔

➔

➔

JOUR 6 Les schémas familiaux

Pour ce sixième travail, prenez trois bonnes inspirations, puis posez-vous la question suivante : « Quels schémas se répètent dans ma famille ? » (Divorce, deuil, inceste, violences…)

Listez tout ce qui vous vient à l'esprit :

- ➔
- ➔
- ➔
- ➔
- ➔
- ➔
- ➔
- ➔
- ➔
- ➔
- ➔

JOUR 7 Le travail effectué

Pour ce dernier travail de prise de conscience, prenez trois bonnes inspirations, puis demandez-vous : « Qu'est-ce que j'ai entrepris comme travail sur moi-même jusqu'à aujourd'hui ? »

➔

➔

➔

➔

➔

➔

➔

➔

➔

➔

➔

➔

ÉTAPE 2 : LIBÉRATION

JOUR 8 Libération des vœux de pauvreté

Faites votre ancrage et votre centrage (voir « Être ancré », p. 70) puis demandez à vos Guides de vous accompagner dans cette libération aujourd'hui.

Les paroles que vous allez dire doivent vibrer en vous, répétez chaque mot comme si ces mots étaient sacrés et magiques…

Lisez le texte suivant une première fois dans votre tête pour en avoir une première idée. Ensuite, posez vos mains sur votre chakra du cœur puis lisez-le à haute voix jusqu'au bout.

Maintenant est venu le moment pour moi de me libérer de tous les vœux de pauvreté que j'ai pu passer, dans tous les sens du temps, ainsi qu'avec toutes les personnes concernées ici et maintenant.
Qu'il en soit ainsi !

Puis accueillez simplement la libération…

Laissez-la agir toute une semaine, puis faites la reconnexion à l'abondance financière (voir p. 168) dès la semaine suivante, le même jour ; par exemple si vous faites cette libération un mardi, faites la reconnexion le mardi de la semaine suivante.

JOUR 9 Libération des vœux de chasteté

Faites votre ancrage et votre centrage (voir « Être ancré », p. 70) puis demandez à vos Guides de vous accompagner dans cette libération aujourd'hui.

Les paroles que vous allez dire doivent vibrer en vous, répétez chaque mot comme si ces mots étaient sacrés et magiques…

Lisez le texte suivant une première fois dans votre tête pour en avoir une première idée. Ensuite, posez vos mains sur votre chakra du cœur puis lisez-le à haute voix jusqu'au bout.

Maintenant est venu le moment pour moi de me libérer de tous les vœux de chasteté que j'ai pu passer, dans tous les sens du temps, ainsi qu'avec toutes les personnes concernées ici et maintenant. Qu'il en soit ainsi !

Puis accueillez simplement la libération…

Laissez-la agir toute une semaine, puis faites la reconnexion à une sexualité épanouie (voir p. 169) dès la semaine suivante.

Jour 10 Libération des vœux de souffrance

Faites votre ancrage et votre centrage (voir « Être ancré », p. 70) puis demandez à vos Guides de vous accompagner dans cette libération aujourd'hui.

Les paroles que vous allez dire doivent vibrer en vous, répétez chaque mot comme si ces mots étaient sacrés et magiques…

Lisez le texte suivant une première fois dans votre tête pour en avoir une première idée. Ensuite, posez vos mains sur votre chakra du cœur puis lisez-le à haute voix jusqu'au bout.

Maintenant est venu le moment pour moi de me libérer de toutes les vies de souffrance que j'ai pu vivre, dans tous les sens du temps, ainsi qu'avec toutes les personnes concernées ici et maintenant. Qu'il en soit ainsi !

Puis accueillez simplement la libération…

Laissez-la agir toute la semaine, puis faites la reconnexion à une vie épanouie (voir p. 169) dès la semaine suivante.

JOUR 11 Libération des vœux de silence

Faites votre ancrage et votre centrage (voir « Être ancré », p. 70) puis demandez à vos Guides de vous accompagner dans cette libération aujourd'hui.

Les paroles que vous allez dire doivent vibrer en vous, répétez chaque mot comme si ces mots étaient sacrés et magiques…

Lisez le texte suivant une première fois dans votre tête pour en avoir une première idée. Ensuite, posez vos mains sur votre chakra du cœur puis lisez-le à haute voix jusqu'au bout.

Maintenant est venu le moment pour moi de me libérer de tous les vœux de silence que j'ai pu passer, dans tous les sens du temps, ainsi qu'avec toutes les personnes concernées ici et maintenant. Qu'il en soit ainsi !

Puis accueillez simplement la libération…

Laissez-la agir toute une semaine, puis faites la reconnexion à une communication bienveillante (voir p. 170) dès la semaine suivante.

JOUR 12 Libération des vœux de célibat

Faites votre ancrage et votre centrage (voir « Être ancré », p. 70) puis demandez à vos Guides de vous accompagner dans cette libération aujourd'hui.

Les paroles que vous allez dire doivent vibrer en vous, répétez chaque mot comme si ces mots étaient sacrés et magiques…

Lisez le texte suivant une première fois dans votre tête pour en avoir une première idée. Ensuite, posez vos mains sur votre chakra du cœur puis lisez-le à haute voix jusqu'au bout.

Maintenant est venu le moment pour moi de me libérer de tous les schémas et vœux de célibat que j'ai pu passer, dans tous les sens du temps, ainsi qu'avec toutes les personnes concernées ici et maintenant. Qu'il en soit ainsi !

Puis accueillez simplement la libération…

Laissez-la agir toute une semaine, puis faites la reconnexion à une vie de couple (voir p. 171) dès la semaine suivante.

JOUR 13 Libération des vœux d'emprisonnement

Faites votre ancrage et votre centrage (voir « Être ancré », p. 70) puis demandez à vos Guides de vous accompagner dans cette libération aujourd'hui.

Les paroles que vous allez dire doivent vibrer en vous, répétez chaque mot comme si ces mots étaient sacrés et magiques…

Lisez le texte suivant une première fois dans votre tête pour en avoir une première idée. Ensuite, posez vos mains sur votre chakra du cœur puis lisez-le à haute voix jusqu'au bout.

Maintenant est venu le moment pour moi de me libérer de toutes les chaînes qui m'ont emprisonné(e), dans tous les sens du temps, ainsi qu'avec toutes les personnes concernées ici et maintenant. Qu'il en soit ainsi !

Puis accueillez simplement la libération…

Laissez-la agir toute une semaine, puis faites la reconnexion à la liberté (voir p. 172) dès la semaine suivante.

JOUR 14 Libération des vœux d'enfermement

Faites votre ancrage et votre centrage (voir « Être ancré », p. 70) puis demandez à vos Guides de vous accompagner dans cette libération aujourd'hui.

Les paroles que vous allez dire doivent vibrer en vous, répétez chaque mot comme si ces mots étaient sacrés et magiques…

Lisez le texte suivant une première fois dans votre tête pour en avoir une première idée. Ensuite, posez vos mains sur votre chakra du cœur puis lisez-le à haute voix jusqu'au bout.

Maintenant est venu le moment pour moi de me libérer de tous les enfermements que j'ai pu vivre, dans tous les sens du temps, ainsi qu'avec toutes les personnes concernées ici et maintenant. Qu'il en soit ainsi !

Puis accueillez simplement la libération…

Laissez-la agir toute une semaine, puis faites la reconnexion à l'ouverture du cœur (voir p. 172) dès la semaine suivante.

ÉTAPE 3 : RECONNEXION

JOUR 15 Reconnexion à L'abondance financière

Faites votre ancrage et votre centrage (voir « Être ancré », p. 70) puis demandez à vos Guides de vous accompagner dans cette reconnexion aujourd'hui.

Les paroles que vous allez dire doivent vibrer en vous, répétez chaque mot comme si ces mots étaient sacrés et magiques…

Répétez à haute voix, si possible devant votre miroir en vous regardant droit dans les yeux :

Aujourd'hui, je me reconnecte à mon âme, libre de tous vœux, je vis désormais dans l'abondance financière, celle qui me correspond…

Attention, cela ne veut pas dire que demain vous gagnerez au loto !

L'abondance financière qui vous correspond signifie celle qui est la plus juste pour vous… Il ne s'agit pas là d'avoir plus que de raison, mais simplement d'être en harmonie dans votre relation à l'argent.

JOUR 16 Reconnexion à une sexualité épanouie

Faites votre ancrage et votre centrage (voir « Être ancré », p. 70) puis demandez à vos Guides de vous accompagner dans cette libération aujourd'hui.

Les paroles que vous allez dire doivent vibrer en vous, répétez chaque mot comme si ces mots étaient sacrés et magiques…

Répétez à haute voix, si possible devant votre miroir en vous regardant droit dans les yeux :

Aujourd'hui, je me reconnecte à mon âme, libre de tous vœux, je vis désormais une sexualité épanouie, celle qui me correspond…

Une sexualité épanouie signifie celle qui est la plus juste pour vous… Il ne s'agit pas là d'avoir soif de sexe ou de changer de partenaire, mais d'être plus en harmonie dans votre couple ou tout simplement dans votre relation à la sexualité.

JOUR 17 Reconnexion à une vie épanouie

Faites votre ancrage et votre centrage (voir « Être ancré », p. 70) puis demandez à vos Guides de vous accompagner dans cette libération aujourd'hui.

Les paroles que vous allez dire doivent vibrer en vous, répétez chaque mot comme si ces mots étaient sacrés et magiques…

Répétez à haute voix, si possible devant votre miroir en vous regardant droit dans les yeux :

Aujourd'hui, je me reconnecte à mon âme, libre de tous vœux, je vis désormais une vie épanouie, celle qui me correspond.

Une vie épanouie signifie celle qui est la plus juste pour vous. Cela ne vous empêchera pas de passer des moments difficiles mais vous arriverez à mieux les vivre.

JOUR 18 Reconnexion à une communication bienveillante

Faites votre ancrage et votre centrage (voir « Être ancré », p. 70) puis demandez à vos Guides de vous accompagner dans cette libération aujourd'hui.

Les paroles que vous allez dire doivent vibrer en vous, répétez chaque mot comme si ces mots étaient sacrés et magiques…

Répétez à haute voix, si possible devant votre miroir en vous regardant droit dans les yeux :

Aujourd'hui, je me reconnecte à mon âme, libre de tous vœux, je vis désormais une communication bienveillante, celle qui me correspond…

Une communication bienveillante signifie celle qui est la plus juste pour vous : il ne s'agit pas là de parler pour combler le silence, mais d'être plus en harmonie avec votre façon de vous exprimer, de communiquer avec les autres en exprimant vos propres idées ou opinions ; par exemple, c'est apprendre à oser dire non.

JOUR 19 Reconnexion à une vie de couple

Faites votre ancrage et votre centrage (voir « Être ancré », p. 70) puis demandez à vos Guides de vous accompagner dans cette libération aujourd'hui.

Les paroles que vous allez dire doivent vibrer en vous, répétez chaque mot comme si ces mots étaient sacrés et magiques...

Répétez à haute voix, si possible devant votre miroir en vous regardant droit dans les yeux :

Aujourd'hui, je me reconnecte à mon âme, libre de tous vœux, j'accueille dans ma vie la personne qui m'est destinée, celle avec qui je construis une vie de couple harmonieuse. J'ai le droit au bonheur...

Une vie de couple harmonieuse signifie celle qui est la plus juste pour vous : il ne s'agit pas là de combler l'absence de quelqu'un à tout prix, mais d'être avec une personne qui vous aime pour qui vous êtes vraiment.

L'Univers mettra sur votre chemin LA bonne personne, il suffit juste d'être patient.

JOUR 20 Reconnexion à la liberté

Faites votre ancrage et votre centrage (voir « Être ancré », p. 70) puis demandez à vos Guides de vous accompagner dans cette libération aujourd'hui.

Les paroles que vous allez dire doivent vibrer en vous, répétez chaque mot comme si ces mots étaient sacrés et magiques…

Répétez à haute voix, si possible devant votre miroir en vous regardant droit dans les yeux :

Aujourd'hui, je me reconnecte à mon âme, libre de tous vœux, je m'autorise enfin à vivre pleinement ma propre liberté et je suis libre de faire ce qui me fait vibrer…

Je suis libre de faire ce qui me fait vibrer signifie faire enfin aujourd'hui tout ce que vous avez toujours voulu faire et que l'on vous a empêché de faire plus jeune, par exemple. Conduisez une moto, sautez dans une flaque, faites un saut en parachute… Autorisez-vous tout simplement !

Jour 21 Reconnexion à l'ouverture du cœur

Faites votre ancrage et votre centrage (voir « Être ancré », p. 70) puis demandez à vos Guides de vous accompagner dans cette libération aujourd'hui.

Les paroles que vous allez dire doivent vibrer en vous, répétez chaque mot comme si ces mots étaient sacrés et magiques…

Répétez à haute voix, si possible devant votre miroir en vous regardant droit dans les yeux :

Aujourd'hui, je me reconnecte à mon âme, libre de tous vœux, j'ouvre grand mon cœur et je m'autorise à être la meilleure version de moi-même…

En faisant cette ouverture de cœur, vous vous autorisez à vous aimer, à vous aimer tel que vous êtes, sans jugement ni culpabilité… C'est cela, devenir la meilleure version de soi !

✶

Félicitations !

Vous venez de finir vos 21 jours de libération… Vous avez opéré le début de votre guérison, vous êtes désormais en route sur votre chemin de vie.

N'hésitez pas à refaire cette petite cure de 21 jours quand vous en ressentez le besoin ou dès que vous souhaitez mettre un nouveau projet en route (changer de travail, vous investir dans une nouvelle relation…), analyser vos peurs, etc.

Si vous avez pris conscience qu'un vœu de pauvreté a été mis en place dans une autre vie, que vous avez travaillé dessus et que vous avez libéré cette mémoire, vous ne pouvez plus penser aujourd'hui que vous êtes pauvre ou constamment fauché : par exemple, vous ne pouvez plus demander à une amie de vous payer le café car vous n'avez pas un sou en poche !

Vous avez pris conscience du vœu de célibat et vous l'avez nettoyé, et c'est super, mais maintenant il va falloir sortir pour rencontrer quelqu'un, vous ne pouvez plus rester chez vous comme l'ermite que vous étiez !

Vous avez pris conscience du vœu de sacrifice que vous avez jadis passé et vous avez travaillé dessus, mais maintenant il va falloir apprendre à dire non et à se faire passer en premier !

Et même sans avoir passé de vœu particulier, vous souhaitez perdre du poids, mais si au fond vous continuez de manger votre paquet de chips en regardant la télévision le soir, ne soyez pas surpris que rien ne change !

Etc.

Vous êtes obligé de changer votre état d'esprit, vos paroles, vos pensées et vos actions si vous voulez que les choses changent concrètement !

À ce moment-là, vous vivrez enfin une vie harmonieuse et vous connaîtrez le bonheur !

« Aide-toi et le ciel t'aidera » ou « demande et tu recevras », quelles phrases magnifiques et tellement pleines de bon sens ! Vous mettre en action ne signifie pas que vous êtes seul : lorsque l'on passe à l'action, l'Univers nous soutient et met les choses en place pour nous. Il possède des ressources inimaginables et insoupçonnables pour nous, êtres humains, c'est un chef d'orchestre exceptionnel !

Soyez fier de vous, de votre parcours ; même s'il a été chaotique jusqu'à aujourd'hui, il fait de vous la personne forte et lumineuse que vous êtes à présent.

Il ne tient qu'à vous d'avancer sur ce chemin qui est le vôtre et d'écrire votre propre histoire…

À vos crayons !

CONCLUSION

Vous avez pris conscience que vous SEUL êtes responsable de tout ce qui vous arrive dans votre vie car cela ne dépend que de vos choix. Les Guides insistent fortement sur le fait de reprendre votre pouvoir intérieur, de prendre vos responsabilités, maintenant !

Vous savez que vous pouvez accéder à vos Annales Akashiques de manière assez simple.

Vous avez compris que le livre de votre âme contient toutes vos pensées, vos paroles, vos actions, vos talents, toutes vos expériences, toutes vos blessures émotionnelles, toutes les décisions que vous avez prises, etc.

Et si, maintenant, je vous disais qu'il existe un moyen encore plus simple pour accéder à vos Annales Akashiques, j'ai bien dit les vôtres et uniquement les vôtres, à présent que vous avez compris tout ce qui a été dit auparavant ?

À partir du moment et je précise bien encore une fois, uniquement à partir du moment où vous serez responsable de vos décisions, de vos choix, sans plus jamais rejeter la faute sur quelqu'un d'autre, lorsque vous regarderez le monde avec le regard de votre âme et plus avec celui de l'être humain, c'est-à-dire avec amour, alors vous pourrez aller chercher toutes les réponses à l'intérieur de vous !

Toutes les réponses sont en vous !

Car votre âme se trouve tout simplement à l'intérieur de vous !

Vous et votre âme ne faites qu'UN, vous êtes UNIS, car vous êtes UNIQUE !

L'accès à vos Annales Akashiques se fait sur la fréquence vibratoire de l'amour, de votre cœur, et les réponses se trouvent exactement là : dans votre cœur !

Lorsque vous aurez suffisamment soulevé de vase et pris vos responsabilités dans ce monde, que votre but ultime sera juste d'être dans l'amour, en étant honnête avec vous-même, alors vous n'aurez qu'à vous connecter à votre cœur, à l'amour en vous et en la source d'amour inconditionnel. Vos portes seront alors toujours ouvertes !

Pour ma part, je remercie chaque jour, ma mère et mon père ainsi que tous les autres membres de ma famille, mon mari et mes enfants ainsi que chaque personne que j'ai croisée et avec qui j'ai avancé un moment, car chacun d'eux a contribué à sa façon à mon cheminement et à mon évolution et c'est grâce à eux qu'aujourd'hui je suis la personne que je suis devenue !

J'ai vécu des tas de choses, des bonnes et des moins bonnes, j'ai juste compris que c'était moi et moi seule qui avais décidé de vivre toutes ces expériences et que ma famille et toutes les autres personnes avaient été là pour réaliser toutes ces choses, cela faisait partie du contrat d'âme à âme. Toutes ces personnes m'ont fait grandir et m'ont aidée à devenir une meilleure version de moi-même !

J'ai également compris que la colère, la rancœur et la tristesse n'étaient pas bonnes pour moi, que de culpabiliser ou de se sentir inférieure ne servait à rien, mais surtout que de rejeter la faute sur les autres était beaucoup plus facile à faire et à vivre mais tellement plus lourd à porter !

En reprenant mes responsabilités, je me suis rendu compte que tout ce poids que je portais auparavant avait disparu, que toutes ces émotions, ces sentiments négatifs avaient disparu et que je me sentais bien plus légère, bien plus en harmonie avec moi-même et avec les autres... J'ai compris aussi que j'avais un pouvoir intérieur énorme et que je pouvais manifester ici et maintenant tout ce que je souhaitais dans ma vie.

Aujourd'hui, je continue de travailler sur moi, car je vis d'autres expériences, je fais au mieux et je regarde chaque situation qui se présente avec le regard de mon âme, celui du cœur.

Et vous, avec quel regard continuerez-vous d'avancer ?

Avec tout mon amour,
Virginie

ANNEXE

MES PREMIERS VOYAGES DANS MES ANNALES AKASHIQUES

La toute première fois que je suis entrée dans mes Annales Akashiques, j'étais comme une petite fille le soir de Noël qui découvre tous ses cadeaux au pied du sapin ! J'étais honorée que les Guides m'y emmènent, pour eux j'étais prête à découvrir cet endroit et ce fut un instant magique gravé à tout jamais dans ma mémoire… Je n'avais pas de question, car mes Guides voulaient simplement que je découvre cet endroit si spécial. Lorsque les portes se sont ouvertes, je n'ai vu que du blanc, un blanc brillant, ça scintillait comme s'il y avait de la poussière de paillettes dorées qui volait dans tous les sens… J'avais la sensation que l'on m'enveloppait de beaucoup de tendresse, je me sentais dans un espace de bienveillance à la limite de la béatitude. J'ai avancé un pas après l'autre, comme si j'étais au ralenti – c'était très bizarre cette sensation, d'habitude on voit ça dans les films, mais là de le vivre c'était absolument génial – jusqu'à ce que je voie un escalier lui aussi d'un blanc lumineux.

Arrivée en haut, je me suis retrouvée comme dans un ancien temple grec, avec de grands rideaux blancs et des colonnes comme celles de l'Antiquité. Est venu à moi un monsieur qui ressemblait à un grand sage ; il m'a montré du doigt un pilier en plein milieu du temple sur lequel se trouvait un livre.

J'ai pris le livre dans mes mains, ayant conscience qu'il avait une valeur inestimable : l'accès à toutes mes autres vies était là, elles étaient répertoriées dans cet ouvrage ! J'ai tourné les pages et certaines étaient blanches, il n'y avait absolument rien d'écrit ; sur d'autres, il y avait des écritures que j'étais incapable de lire ou de déchiffrer ; et sur d'autres encore je me suis sentie comme aspirée dans la page, je ne contrôlais pas les pages qui se tournaient les unes après les autres… On m'emmenait jusqu'à la bonne page, pour que j'aie un message ou un symbole ou encore une compréhension. J'ai plongé dans une page et la toute première chose que j'ai vue c'était moi de dos ! J'avais les cheveux noirs et très longs et je portais une robe longue magnifiquement blanche. J'étais dans le désert, je voyais des pyramides devant moi mais au loin, il y avait plein de sable et des montagnes de sable, j'ai pris une poignée de sable dans ma main droite et l'ai laissé s'échapper et s'écouler entre mes doigts comme dans un sablier. C'est comme si je cherchais à savoir de quel côté arrivait le vent et que j'étais dans l'attente que des personnes arrivent. Je ne ressentais pas de la bienveillance envers ceux qui devaient arriver…

Et c'est ce qui m'a sortie de la scène à laquelle j'assistais. J'ai demandé à mes Guides pourquoi j'étais revenue à leurs côtés et ils m'ont fait comprendre que je n'avais pas à savoir la suite, du moins pas pour le moment.

La deuxième fois que j'y suis allée, l'accès se faisait toujours par cet escalier lumineusement blanc et doré, j'ai monté les marches les unes après les autres et là, devant moi un couloir immense avec de nombreuses portes. Je suis entrée par la première puis j'ai vu une petite fille (qui était moi) à qui sa mère coupait sa queue-de-cheval, comme pour la garder précieusement, puis j'étais accompagnée par un homme dans la forêt qui me dit de ne plus bouger de là et qu'une personne viendrait me chercher puis il s'en alla. Je me suis assise par terre, comprenant que personne ne viendrait me récupérer, et j'ai entendu les loups au loin… Puis je me suis retrouvée de nouveau dans cet immense couloir avec toutes ces portes, j'en ai ouvert une autre et là, je me suis vue encore une fois petite fille dans une belle maison, j'étais sur mon grand lit, et je me suis aperçue que j'étais malade et que j'allais mourir… Puis de nouveau j'ai atterri dans ce grand couloir avec les portes, j'en ai ouvert quelques-unes, jusqu'à ce que je comprenne une chose : dans toutes les images qui m'avaient été montrées, j'attendais de mourir !

Cela a résonné très fort en moi car c'est ce que je ressentais, sans jamais réussir à mettre le doigt dessus : j'avais l'impression que je n'avais rien à faire sur terre, que ce n'était pas ma place. Je m'ennuyais, je vivais ma vie mais je ne l'appréciais pas ! Ce fut une réelle prise de conscience car je me voyais dans ma vie actuelle faire exactement la même chose que dans les autres : j'attendais !

Mes Guides m'ont dit alors que j'étais prête à aller beaucoup plus loin dans ma compréhension et dans notre travail ensemble.

Ce sont ces images qui m'ont permis de me mettre en action et surtout de comprendre que moi seule pouvais le faire ! Depuis ce jour, je n'ai cessé d'agir, de me prendre en main et de faire uniquement ce qui me fait vibrer et ce qui me met en joie. Aujourd'hui, je vibre bien différemment…

TABLE DES MATIÈRES

DE LA MÊME AUTEURE :

17 €

23,90 €

44 cartes et
un livret de 112 pages

23,90 €

Cet ouvrage est composé de matériaux issus de forêts bien gérées
certifiées FSC®, de matériaux recyclés et de matériaux
issus d'autres sources contrôlées.

Le Forest Stewardship Council® est une organisation internationale
non gouvernementale qui encourage une gestion écologiquement
adaptée, socialement bénéfique et économiquement viable des forêts
de la planète. Pour en savoir plus, consultez le site *www.fsc.org*

FSC
www.fsc.org
MIXTE
Papier issu de
sources responsables
FSC® C022829

Achevé d'imprimer en octobre 2021
sur les presses de la Nouvelle Imprimerie Laballery
58500 Clamecy
Dépôt légal : novembre 2021
N° d'impression : 110426

Imprimé en France

La Nouvelle Imprimerie Laballery est titulaire de la marque Imprim'Vert®